EAT PARIS

ISBN : 979-1-03010-1-218
Dépôt légal : février 2017
Achevé d'imprimer en janvier 2017
Imprimé en Espagne
Tana éditions, un département d'Édi8
12, avenue d'Italie
75013 Paris
Tél. : 01 44 16 09 00
Fax : 01 44 16 09 01
www.tana.fr

EAT PARIS

85 ADRESSES INCONTOURNABLES POUR VOYAGEURS GOURMANDS

ANNABELLE SCHACHMES

Tana
éditions

À chaque coin de rue vous comprendrez combien cette ville a traversé le temps, les époques. « L'art de vivre à la française », c'est aller au marché de l'Alma un samedi matin, prendre un petit déjeuner au café de Flore, aller vous acheter des bonbons À la Mère de Famille, passer une soirée à la Cave à Michel, ou dîner au restaurant Les Climats. Quel que soit le lieu, d'une façon ou d'une autre, vous ressentirez cette sensation singulière d'avoir vécu quelque chose de totalement inédit. Et bien évidemment c'est le cas, car à Paris vous vous trouverez face à l'essence même de millénaires d'histoire culinaire. Tout en ayant un profond respect pour le terroir français et les produits, la scène culinaire parisienne s'affranchit avec brio de ce poids historique pour écrire sa propre partition. Le chef Jean-François Piège en est le meilleur exemple, en soufflant un vent de modernisme et de technicité qui lui est propre.
Oscillant entre tradition et modernité, cette ville, véritable musée à ciel ouvert, ne cessera de vous faire passer des moments inoubliables. Paris sera toujours Paris.

Alors si je peux vous donner un bon conseil, goûtez tout ce qui vous fait envie. Car manger est une véritable façon d'explorer le monde !

SOMMAIRE

POIRES
PRUNEAUX
Dattes Deglet
NOIX PECAN

ALIMENTATION GÉNÉRALE ET MAGASINS SPÉCIALISÉS

E. DEHILLERIN

18-20, RUE COQUILLIÈRE, 75001
33 (0)1 42 36 53 13 Ⓜ Les Halles

LUNDI : 9 h-12 h 30/14 h-18 h • **MARDI-SAMEDI** : 9 h-18 h
à selon les produits

HTTP://WWW.E-DEHILLERIN.FR

Depuis plus de 120 ans, le magasin E. Dehillerin est une référence en matière d'ustensiles de cuisine (principalement en métal). À en croire Jean Dehillerin, petit-fils du fondateur de la maison, leur spécialité est de sélectionner chez les bons fabricants le meilleur du matériel de cuisine. Et c'est le cas, puisque le magasin est une référence en la matière chez bon nombre de professionnels. Il fonctionne à l'ancienne : il vous faudra trouver un vendeur qui vous conseillera ou vous aidera à trouver ce que vous cherchez puis notera tous vos articles sur un petit bon avant que vous puissiez passer en caisse. L'agencement sommaire rappelle que le magasin fut en son temps un des piliers des Halles qui prenaient place non loin de là.

LASTRE SANS APOSTROPHE

188, RUE DE GRENELLE, 75007
☎ 33 (0)1 40 60 70 27 Ⓜ École Militaire

MARDI AU VENDREDI : 10 h-14 h 30/16 h-20 h • **SAMEDI** : 10 h-20 h

Quand on aime le pâté en croûte, il faut absolument goûter ce médaillé ! Car c'est un pâté de champion du monde de la discipline dont il s'agit. Après être passé par de grandes maisons telles que La Tour d'Argent ou le Ritz, Yohan Lastre nous fait découvrir sa spécialité à son adresse éponyme. Vous pourrez goûter plusieurs sortes de ses incroyables pâtés à l'équilibre parfait mais aussi des fougasses aux gratons à se damner ou des terrines de bœuf à la mode moelleuses à souhait. La spécialité à ne pas rater est l'étonnant œuf mayo revisité : le jaune d'œuf est poché et la mayo « cachée » juste en dessous.

ÉPICES ROELLINGER

51BIS, RUE SAINT-ANNE, 75002
☎ 33 (0)1 42 60 46 88 Ⓜ Pyramides

MARDI-SAMEDI : 10 h-19 h

C'est avec chaleur et bienveillance que vous serez accueilli dans cette boutique par Sandrine et Stéphane, la responsable du magasin et le premier vendeur. Ils se feront une joie de vous exposer tout le génie d'Olivier Roellinger. Celui-ci va bien au-delà de sa recherche à travers le monde des meilleurs épices ou gousses de vanille, le chef crée lui-même ses propres mélanges d'épices et huiles parfumées. Comme par exemple sa Fleur du Soleil mêlant fleur de sel de Guérande, yuzu et gingembre qui se marie à merveille avec une volaille ou même des coquilles Saint-Jacques. S'il n'y a pas trop de monde dans la boutique, ils vous feront peut-être découvrir le lieu secret du magasin, la cave à vanille. Seule en son genre en Europe, avec une hydrométrie contrôlée, cette cave vous permettra d'apprécier les différents parfums des gousses comme nulle part ailleurs.

La Cave à Vanilles®

EPICES

LIBRAIRIE GOURMANDE

92-96, RUE MONTMARTRE, 75002
☎ 33 (0)1 43 54 37 27 Ⓜ Sentier

LUNDI-SAMEDI : 11 h-19 h

HTTP://WWW.LIBRAIRIEGOURMANDE.FR/

Cette librairie est une véritable caverne d'Ali Baba. Des dernières nouveautés aux sommes les plus anciennes, des livres sur le chocolat à ceux sur les découpes de viande, les cuisines régionales françaises ou les techniques les plus pointues de la cuisine japonaise, vous trouverez ici tous les livres de cuisine possibles et inimaginables. Le rez-de-chaussée est dédié aux livres sur les liquides (thé, vin, bière), la cuisine végétarienne, les cuisines du monde, la cuisine française et les livres anciens. À l'étage, vous découvrirez les livres sur la pâtisserie et la boulangerie, les ouvrages de chefs, les livres sur l'histoire de la cuisine ainsi que les livres en anglais (en cherchant bien il y en a aussi quelques-uns en allemand, espagnol ou même japonais).
Vous cherchez l'introuvable, dans cette boutique tenue de main de maître par Déborah, il s'y trouve forcément !

LES MISCELLANÉES DE M. JASH

96, RUE DE MAUBEUGE, 75010
☎ 33 (0)6 99 88 34 03 Ⓜ Gare du Nord

DIMANCHE-VENDREDI : 9 h-19 h (privatisation du lieu possible après 19 h)

HTTP://WWW.MJASH.FR

Le J et le S de JASH c'est Jimmy et Séverine, un couple passionné de bons produits (le A et le H sont les premières lettres des prénoms de leurs enfants). Ils ont ouvert à deux pas de la gare du Nord un joli lieu de vie autour de la gourmandise, véritable petit cocon gourmand. Avec une volonté de mettre en avant le terroir français, ils vous conseillent pour choisir dans leur sélection de produits de quoi grignoter pour un apéritif entre amis, de quoi organiser un petit déjeuner gourmand ou un goûter de fine bouche. Vous pouvez également déguster sur place des sandwichs, tartines ou assiettes à base de produits 100 % français comme divers pâtés de Pierre Matayron, de la charcuterie basque ou des fromages. Le lieu propose régulièrement des soirées littéraires autour d'auteurs et de leurs ouvrages mais aussi des expositions photos.

PAPA SAPIENS

7, RUE BAYEN, 75017
☎ 33 (0)1 58 57 82 81 Ⓜ Ternes

LUNDI-VENDREDI : 9 h 30-19 h 30 • **SAMEDI :** 9 h-19 h 30
DIMANCHE : 9 h-13 h
💵💵 à 💵💵💵 selon les produits

32, RUE DE BOURGOGNE, 75007
☎ 33 (0)1 44 05 97 54 Ⓜ Varenne

LUNDI : 16 h-20 h • **MARDI-SAMEDI :** 10 h 30-20 h
💵💵 à 💵💵💵 selon les produits

HTTP://WWW.PAPASAPIENS.FR

Que ce soit les saucisses d'Emmanuel Chavassieux, l'huile de Cédric Casanova ou tout autre produit, pas un seul n'est présent dans ces boutiques par hasard. Chacun y est parce qu'il a une histoire à raconter, un terroir à défendre, un savoir-faire à préserver. Dans ces temples du « bien manger », on peut vous parler en détail de chacun d'eux car il aura été choisi pour satisfaire une clientèle d'initiés exigeante et prête à traverser Paris pour le meilleur saucisson, beurre ou autre victuaille. Et ça marche car définitivement, ce sont les adresses d'alimentation générale que vous donneront bon nombre de grands chefs parisiens en vous faisant jurer de ne jamais les divulguer ! Alors promis, vous ne direz rien n'est-ce pas ?

commerce de bouche-à-oreille
papa sapiens
Lug

papa sapiens

papa sapiens

Côtes du Jura

MORA

13, RUE MONTMARTRE, 75001
☎ 33 (0)1 45 08 19 24 Ⓜ Les Halles

LUNDI-VENDREDI : 9 h-18 h 15 • **SAMEDI :** 10 h-13 h/13 h 45-18 h 30
à selon les produits

HTTP://WWW.MORA.FR

Depuis plus de 200 ans la maison Mora est une référence en matière d'ustensiles de cuisine utilisant des matériaux innovants et les techniques les plus actuelles. Dans ce magasin, vous pourrez trouver un large choix de petit matériel de cuisine (couteaux, thermomètres, pinces, etc.) mais la vraie spécialité de la maison est plutôt le sucré. Une partie entière du lieu est consacrée au Cake Design (tout de suite à droite en entrant) et une sélection de moules en silicone impressionnante est disponible au fond du magasin.

PASTIFICIO PASSERINI

65, RUE TRAVERSIÈRE, 75012
☎ 33 (0)1 44 74 67 84 Ⓜ Ledru-Rollin

MARDI : 16 h-20 h • **MERCREDI-VENDREDI :** 10 h 30-14 h/16 h-20 h
SAMEDI : 10 h-20 h • **DIMANCHE :** 10 h-13 h

WWW.PASSERINI.PARIS

Dans la boutique de pâtes du chef Giovanni Passerini, on parle de produits et rien que de produits. Mais quels produits ! Des huiles d'olive venant des quatre coins de l'Italie, des sauces tomates (notamment les pots de tomates entières que l'on peut aisément avaler en une soirée à la petite cuillère) et des ragùs (en pots ou maison) mais aussi une sélection de fromages italiens. Tous ces produits n'ont qu'un seul intérêt, mettre en valeur la star du magasin, LA PASTA ! Et alors là, c'est la fiesta. Chaque jour trois sortes de pâtes fraîches préparées minute à la demande du client ainsi que trois ou quatre sortes de raviolis aux accords de saveurs parfaits (mention spéciale pour la mortadelle…). On adore les conseils avisés des vendeurs qui ne manqueront pas de vous glisser gracieusement quelques feuilles de sauge dans votre paquet de pâtes « pour les laisser infuser dans un beurre fondant quelques minutes et servir sur vos pâtes chaudes ». On adore aussi les prix pour un tel niveau de qualité de produits et de service : 1,90 € les 100 g pour les pâtes fraîches, à partir de 3,90 € pour les raviolis.

VIANDE & CHEF

38, RUE DE LANCRY, 75010
☎ 33 (0)9 81 87 01 30 Ⓜ Jacques Bonsergent

LUNDI-SAMEDI : 16 h-20 h

€€ à €€€ selon les produits

Benjamin Darnaud, le maître des lieux, passé par la cuisine de Sébastien et Michel Bras, est avant tout un chef confirmé. Il a choisi d'ouvrir cette boutique afin d'aider les éleveurs à travailler des races locales et de fait sauver les troupeaux français. Le lieu, pensé comme une cuisine ouverte, permet une vraie proximité entre le client, le boucher et le produit. Il n'est pas rare de voir certains clients, dont je fais partie, rester à regarder les bouchers désosser une carcasse ou faire des saucisses. L'offre de produits est réfléchie et le côté « chef » de Benjamin n'est finalement pas si loin car en plus des classiques morceaux de boucherie, toute une sélection de sandwichs, salades, plats et préparations bouchères (boulettes, etc.) est proposée. J'ai eu un véritable coup de cœur pour « les kits » incluant les produits nécessaires pour réaliser à la maison des burgers comme au restaurant ou le brunch parfait.

SCHMID TRAITEUR

76, BOULEVARD DE STRASBOURG, 75010
33 (0)1 46 07 89 74 Ⓜ Gare de l'Est

LUNDI-VENDREDI : 9 h-20 h • **SAMEDI :** 8 h 30-19 h 45

HTTP://WWW.SCHMID-TRAITEUR.COM

Véritable ambassadeur des produits alsaciens, chez Schmid, vous trouverez absolument tous les ingrédients incontournables pour faire une bonne choucroute. Différentes sortes de choux (nature, au champagne, au riesling ou à la bière), des saucisses à profusion (Francfort, Strasbourg, fumée, aromatisée à différentes épices) et les morceaux de viande qui conviennent (lard, jarret, travers ou palette). En dessert, une jolie sélection est proposée mais surtout ne passez pas à côté de l'incontournable strudel ! Goûtez également les bretzels typiques de la région. Enfin, laissez-vous tenter par une bière alsacienne ou une bouteille de vin... d'Alsace, bien sûr !

MAISON PLISSON

93, BOULEVARD BEAUMARCHAIS, 75003
☎ 33 (0)1 71 18 19 09 Ⓜ St-Sébastien Froissart

LUNDI : 9 h 30-21 h • **MARDI-SAMEDI** : 8 h 30-21 h • **DIMANCHE** : 9 h 30-19h

HTTP://WWW.LAMAISONPLISSON.COM

La Maison Plisson, c'est un peu le au *Bonheur des Dames* de Zola de la gastronomie. Vous y trouverez tout et bien plus. Divisé en deux lieux, c'est un véritable ballet des professionnels des produits qui se déroulera devant vous avec comme chef d'orchestre Delphine Plisson, la maîtresse des lieux. Côté épicerie, la crème de la crème du charcutier, fromager ou boucher « champion du monde » sera là pour vous servir. Mention spéciale du vendeur le plus agréable de l'univers à Victor au rayon primeurs. Il vous suffira de descendre quelques marches pour découvrir la cave et les produits d'épicerie. À goûter absolument, les confitures corses Anatra qui sont juste divines. Dans l'autre boutique qui jouxte celle-ci, prennent place le restaurant et la boulangerie, cette dernière est élaborée par Benoît Castel. À la carte du restaurant, respectueuse des saisons, tartare de bœuf, salades de saison, tartes salées et autres plats réconfortants. À goûter en dessert, le fameux riz au lait !

TAKA & VERMO

61BIS, RUE DU FAUBOURG-SAINT-DENIS, 75010
☎ 33 (0)1 48 24 89 29 Ⓜ Château d'Eau

MARDI-VENDREDI : 9 h 30-14 h/15 h 30-20 h 30 • **SAMEDI :** 9 h 30-20 h 30
DIMANCHE : 9 h 30-14 h

Si vous aimez le fromage autant que votre mari, votre femme ou vos enfants, c'est ici qu'il faut aller ! En fait, il ne faut pas y aller, il faut y courir. D'abord passés par d'illustres fromageries parisiennes, Laure et Matthieu ont ouvert cette boutique qui selon moi est une référence. On peut y trouver le meilleur des fromages « classiques » tels que des comtés, un morbier de 128 jours (bluffant), un brie de Meaux aux noix surréaliste, différentes variétés de chèvre mais aussi des créations propres au lieu comme l'époustouflant saint-nectaire au poivre sansho ou le chèvre frais aux zestes de yuzu confit. Le point commun de tous ces fromages est qu'ils sont tous affinés à la perfection, ce qui magnifie totalement leurs saveurs. S'y ajoutent des yaourts, des beurres, des fromages blancs et des confitures sélectionnés avec soin, ainsi que des vins et des bières pour se marier au mieux avec les fromages.
Quand on mange un fromage qui vient de chez Taka et Vermo, c'est vraiment *the best of the best*.

ÉPICERIE RAP

4, RUE FLÉCHIER, 75009
☎ 33 (0)1 42 80 09 91 Ⓜ Notre-Dame-de-Lorette

MARDI-SAMEDI : 10 h 30-19 h 30 • **DIMANCHE** : 10 h-13 h
💵 à 💵💵 selon les produits

HTTP://WWW.RAPPARIS.FR

RAP n'est pas une simple épicerie italienne. Alessandra Pierini, auteur de plusieurs livres de cuisine sur la polenta, le citron ou le parmesan, a réussi à faire de sa boutique un lieu incontournable en matière de produits italiens à Paris. Elle propose une large sélection de charcuteries ou de fromages comme par exemple un gorgonzola crémeux à souhait ou un parmesan affiné à la perfection ou encore une pancetta parfaitement fumée mais aussi une gamme incroyable de produits d'épicerie italienne. Des polentas, des farines pour faire des pâtes, pizzas ou toute autre préparation, des sauces tomates, des fruits et légumes (comme par exemple des bergamotes venant directement de petites fermes italiennes), des sucreries (bonbons, gâteaux, panettone), des huiles d'olive ou vinaigres d'exception, des condiments, du safran, des produits de la mer (poutargue, thon, espadon, *colatura di alici*, à savoir de l'extrait d'anchois) et j'en passe. Alessandra Pierini organise aussi régulièrement des ateliers autour de la cuisine italienne dont le planning est consultable sur le site Internet.

IZRAËL

30, RUE FRANÇOIS-MIRON, 75004
33 (0)1 42 72 66 23 Ⓜ Saint-Paul

MARDI-VENDREDI : 11 h -13 h/14 h-19 h • **SAMEDI :** 11 h-19 h

à selon les produits

Aux premiers abords, l'épicerie de madame Izraël vous semblera peut-être un joyeux fouillis. Mais ici on trouve l'introuvable. Des épices, condiments, huiles et vinaigres du monde entier choisis avec soin par la propriétaire des lieux sont disponibles en rayon. Un petit étal de traiteur propose des produits au poids comme du tarama, de l'houmous ou des harengs fumés. Sans oublier les fruits et légumes secs, les loukoums ou les friandises nord-africaines. Une chose est certaine, on ne ressort jamais de cette boutique les mains vides.

Kohinoor

EAUX DE VIE ET VINS DU MONDE
30
Izraël
produits exotiques
Magreb
Israël
Chine
Epices
Olives
Vins

TERROIRS D'AVENIR

3, 6, 7 ET 8, RUE DU NIL, 75002
33 (0)1 85 09 84 00 M Sentier

MARDI-VENDREDI : 9 h-20 h • **SAMEDI** : 9 h 30-19 h 30
DIMANCHE : 9 h 30-13 h 30
à selon les produits

HTTP://WWW.TERROIRS-AVENIR.FR/BOUTIQUES/EPICERIE/

Nichée en plein cœur du quartier Montorgueil, la rue du Nil est une sorte d'oasis gastronomique. Bon nombre de boutiques de qualité y ont élu domicile comme L'Arbre à Café, le magasin du spécialiste du café Hippolyte Courty mais aussi les restaurants Frenchie et Frenchie to Go de Gregory Marchand ou encore toutes les boutiques Terroirs d'Avenir. C'est un vrai bonheur que de passer de la boucherie au primeur puis à la poissonnerie pour finir par la boulangerie. Chacune propose des produits d'exception dénichés par les fondateurs des boutiques, Alexandre Drouard et Samuel Nahon, qui ont à cœur de renforcer la place des petits producteurs sur les marchés et réduire les risques d'étalement urbain et de pertes irréversibles de terres agricoles. Pour ma part, j'ai un énorme coup de cœur pour l'épicerie réunissant des fruits et légumes (toujours de saison), quelques produits d'épicerie mais surtout une sélection de fromages de haute voltige comme une feta AOP ou une ricotta fumée assez incroyable.

AOP
FETA
25,00 €
le kg
S. grecque (Gi.)
M. ANASTASIOS
+ PROFIL GREC

BARLOTTI

FROMAGERIE QUATREHOMME

62, RUE DE SÈVRES, 75007
☎ 33 (0)1 47 34 33 45 Ⓜ Duroc ou Vaneau

MARDI-SAMEDI : 9 h-19 h 45
à selon les produits

Consulter le site Internet pour toutes les autres adresses

HTTP://WWW.QUATREHOMME.FR

La boutique du meilleur ouvrier de France fromagerie, Marie Quatrehomme, propose une offre fromagère haute couture. Dans cette boutique très claire, vous serez accueilli par une équipe aux petits soins mais surtout très attentive à vos goûts et préférences. Si vous venez pour la première fois, les vendeurs vous aideront à choisir parmi l'offre gigantesque : fromages français à pâte molle ou dure, spécialités maison ou étrangères. Ils ne manqueront pas non plus de vous conseiller un vin s'accordant avec le fromage choisi ainsi que des produits d'épicerie comme un chutney ou une confiture disponibles également en magasin. En revanche, si vous n'en n'êtes pas à votre première visite, tels des David Copperfield de la fromagerie, ils se souviendront de vos préférences régionales ou de vos goûts en matière d'affinage et vous proposeront invariablement le fromage de vos rêves. Pour tous les amateurs de fromages, entrer chez Marie Quatrehomme, c'est perdre totalement la tête.

LA GRANDE ÉPICERIE DE PARIS

38, RUE DE SÈVRES, 75007
33 (0)1 44 39 81 00 Ⓜ Sèvres-Babylone

LUNDI-SAMEDI : 8 h 30-21 h
à selon les produits

HTTP://WWW.LAGRANDEEPICERIE.COM

En plein cœur de Saint-Germain-des-Prés, sur 3 500m² se tient le lieu de référence de l'épicerie parisienne. « Épicerie » est un faible mot car ici sont réunis boucherie, poissonnerie, fromagerie, boulangerie, pâtisserie, une cave impressionnante ainsi qu'une multitude d'autres rayons avec des produits tous plus inédits les uns que les autres. Au centre du magasin, vous pourrez grignoter un morceau : par exemple lorsque c'est la saison, quelques huîtres près de l'étal du poissonnier ou des tapas espagnoles au stand de jambon ibérique. Cet incroyable magasin concentre en un seul et même lieu un nombre impressionnant de produits de grande qualité et vous offrira sans aucun doute un éventail de saveurs « à la française ».

YVES-MARIE LE BOURDONNEC

172, AVENUE VICTOR-HUGO, 75016
☎ 33 (0)1 47 04 03 28 Ⓜ Rue de la Pompe

MARDI-VENDREDI : 9 h-13 h/15 h-19 h 30 • **SAMEDI :** 9 h 30-13 h/14 h 30-18 h

---

43, RUE DU CHERCHE-MIDI, 75006
☎ 33 (0)1 42 22 35 52 Ⓜ Rennes

MARDI-SAMEDI : 9 h-13 h/15 h 30-19 h30
€€ à €€€€

Consulter le site Internet pour toutes les autres adresses

HTTPS://LE-BOURDONNEC.COM

Yves-Marie Le Bourdonnec n'est pas un boucher comme les autres. Il vous parlera de sa viande avec autant d'amour qu'il parlerait d'une femme car c'est un véritable passionné. Il propose dans ses boutiques des volailles, ou des viandes de bœuf, d'agneau et de porc de qualité, tendres et goûteuses, issues de circuits courts et élevées dans des conditions naturelles. Spécialiste de la maturation, qu'il maîtrise à la perfection, il réussira à vous faire découvrir le meilleur de chaque morceau avec parfois même des sensations exceptionnelles comme avec cette côte de bœuf maturée 120 jours dans un linge imbibé de whisky japonais Nikka.

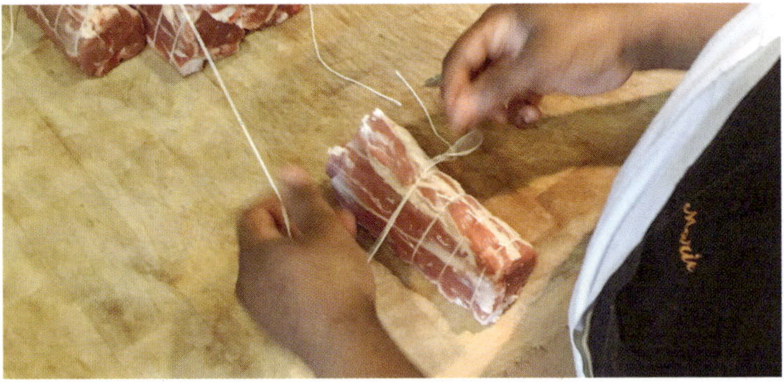

Carré d'agneau
façon première
65 € kg

LE BOURDONNEC
BEEF CLUB
Viandes

GRAND CRU
GRAND CRU
GRAND CRU
GRAND CRU

AfP

MARCHÉS

MARCHÉ DE L'ALMA (OU MARCHÉ DU PRÉSIDENT WILSON)

AVENUE DU PRÉSIDENT WILSON, 75016
Ⓜ Iéna

MERCREDI-SAMEDI : 7 h-14 h

Ce marché est un marché de connaisseurs. Il n'est d'ailleurs pas rare d'y croiser, entre 7 h et 8 h, bon nombre de grands chefs parisiens à la recherche du produit d'exception. Lorenzo le poissonnier (en bas du marché), le fromager aux chèvres charolais à la maturation orgasmique ou le bar à patates, qui comme son nom ne l'indique pas, offre une large sélection de champignons de saison, il est certain que vous trouverez chaussure à votre pied ! S'il y a un stand à ne pas rater, c'est bien celui de la star des primeurs Joël Thiébault. Même s'il approche de la retraite, et qu'un de ses employés reprend le flambeau, cet étal est totalement empreint de sa passion. Vous y trouvez une diversité hallucinante d'herbes aromatiques, de légumes anciens, et surtout, lorsque c'est la saison, des tomates incroyables.

Pizza
La Pièce 3,50 €
Tarte à l'Oignon
Le Kg 20,50 €
Quiche aux Poireaux
Le Kg 24 €

MARCHÉ SAINT-QUENTIN

85 BIS, BOULEVARD DE MAGENTA, 75010
☎ 33 (0)1 48 85 93 30 Ⓜ Gare de l'Est

MARDI-SAMEDI : 8 h-20 h • **DIMANCHE :** 8 h-13 h 30

HTTP://EQUIPEMENT.PARIS.FR/MARCHE-COUVERT-SAINT-QUENTIN-5474

L'histoire veut que dans la cour de la gare de l'Est (à deux pas du marché actuel) se tenait dès le XVIIe siècle la foire Saint-Laurent. Cette foire déclina à la fin du XVIIIe siècle et fut remplacée par le marché situé rue Saint-Quentin, avant son transfert en 1866, boulevard de Magenta. Aujourd'hui, à l'image du marché d'Aligre, c'est un vrai marché populaire parisien qui prend place sous cette halle. Venir ici, c'est prendre le pouls de la vraie vie parisienne. Près d'une trentaine d'artisans se partagent l'espace. Vous pouvez venir y grignoter un morceau avant de prendre votre train, y acheter pâtes fraîches et antipasti chez Mercato le traiteur italien, ou même y boire un verre de vin à l'heure de l'apéro. Fidèle à l'âme du quartier, ce marché est un peu un morceau de l'histoire de celui-ci.

MARCHÉ D'ALIGRE

PLACE D'ALIGRE, 75012
Ⓜ Ledru-Rollin

MARDI-VENDREDI : 9 h-13 h/16 h-19 h 30 • **SAMEDI** : 9 h-13 h/15 h 30-19 h 30
DIMANCHE : 9 h-13 h 30

HTTP://MARCHEDALIGRE.FREE.FR

Le marché d'Aligre est un marché haut en couleur, typiquement parisien. Bien qu'une partie du marché soit sous le marché couvert Beauvau, celui-ci s'étale sur la place d'Aligre attenante au marché couvert mais aussi dans la rue d'Aligre toute proche. L'extérieur, c'est le royaume des primeurs alors que le marché couvert fait lui la part belle aux artisans : bouchers, poissonniers et autres commerces de bouche. À ne pas rater le comptoir à bières et à fromages qui propose d'étonnants accords. N'hésitez pas à vous balader rue d'Aligre, vous y découvrirez de petits magasins insolites comme l'étonnante épicerie orientale Sabah (à l'angle de la rue d'Aligre et de la rue Crozatier) ou encore Le Garde-Manger, épicerie spécialisée en produits alsaciens.

MARCHÉ DES ENFANTS-ROUGES

39, RUE DE BRETAGNE, 75003
Ⓜ Filles du Calvaire ou St-Sébastien Froissart

MARDI-SAMEDI : 8 h 30-20 h 30 • **DIMANCHE :** 8 h 30-17 h
💵 à 💵💵

Inscrit à l'inventaire des Monuments historiques, ce marché est un des plus vieux de Paris puisqu'il a été crée en 1615. À cette époque, ce petit marché, installé sous une halle en bois, équipé d'un puits et d'une étable, rencontrait déjà un franc succès. Aujourd'hui, cet espace de 2 000 m² situé dans la très commerçante rue de Bretagne reste encore le cœur vibrant de la vie du quartier à l'image d'une place de village. La particularité de ce marché, ce ne sont pas les étals classiques comme le primeur et le poissonnier mais surtout les petites échoppes proposant différentes sortes de cuisines (végétarienne, orientale, libanaise, italienne, japonaise, etc.) à déguster sur place sur de petites tables ou aux comptoirs.

Pains...Crêpes
ICI C'EST
BOISSONS
COCA
COCA LIGHT
COCA ZERO
ORANGINA
EAU PLATE
EAU GAZEUSE

BOULANGERIES, PÂTISSERIES ET GLACIERS

À LA MÈRE DE FAMILLE

35, RUE DU FAUBOURG-MONTMARTRE, 75009
☎ 33 (0)1 47 70 83 69 Ⓜ Le Peletier

LUNDI-SAMEDI : 9 h 30-20 h • **DIMANCHE :** 10 h 30-13 h
💵 à 💵💵 selon les produits

Consulter le site Internet pour toutes les autres adresses

HTTP://WWW.LAMEREDEFAMILLE.COM

Cette confiserie à la superbe façade Belle Époque, véritable emblème de la marque, est la plus ancienne chocolaterie de Paris. Puisque c'est en 1761 que s'installe au 35, rue du Faubourg-Montmartre, Pierre-Jean Bernard pour y fonder cette institution. 240 ans plus tard, c'est la famille Dolfi qui est aux manettes et produit 90 % des 1 000 références de la boutique. On trouve toujours une large sélection de bonbons de chocolat, avec entre autres les incontournables rochers et palets de Montmartre. On peut aussi y acheter de divins cakes pour le goûter, les meilleurs marrons glacés de Paris à Noël ou des glaces succulentes pendant l'été. Mais À la Mère de Famille c'est avant tout le temple du bonbon ancien avec des friandises devenues difficiles à dénicher comme le Négus de Nevers, les roudoudous ou les petits pois au lard.

SPÉCIALITÉ DE BISCUITS SECS

PRUNES FRANÇAISES NOUVELLES
FRUITS CONFITS ET FRUITS SECS POUR COMPOTES

UNE GLACE À PARIS

15, RUE SAINTE-CROIX DE LA BRETONNERIE, 75004
☎ 33 (0)1 49 96 98 33 Ⓜ Hôtel de Ville

HORAIRES D'HIVER : MERCREDI-VENDREDI : 13 h 30-20 h 30
SAMEDI : 12 h-23 h • **DIMANCHE :** 12 h-20 h 30
HORAIRES D'ÉTÉ : LUNDI-JEUDI : 13 h 30-23 h 30 • **VENDREDI :** 13 h 30-00 h 30
SAMEDI : 12 h-00 h 30 • **DIMANCHE :** 12 h-23 h 30
à selon les produits

HTTP://WWW.UNE-GLACE-A-PARIS.FR

Quand un meilleur ouvrier de France glacier et champion du monde de pâtisserie de surcroît s'allie à un ancien pâtissier de chez Pierre Hermé pour ouvrir un magasin de glaces, le résultat est forcément proche de l'exceptionnel. Les textures sont à la fois légères et vaporeuses mais aussi onctueuses et enveloppantes. Emmanuel Ryon et Olivier Ménard ont ouvert un lieu proposant la glace dans tous ses états. Il vous sera donc possible de repartir cornet à la main avec une boule de glace vanille fumée par exemple, d'emporter un des gâteaux glacés disponibles en vitrine, mais aussi de passer un moment dans le salon de thé de la boutique afin de déguster un milk shake de haut vol.

SÉBASTIEN DÉGARDIN

200, RUE SAINT-JACQUES, 75005
☎ 33 (0)1 43 07 77 59 RER Luxembourg

MERCREDI-DIMANCHE : 9 h-20 h

HTTP://WWW.SEBASTIEN-DEGARDIN.COM

Assez peu médiatique, cet ancien de chez Troisgros et Pierre Gagnaire n'en reste pas moins un des pâtissiers parisiens les plus brillants. Ses pâtisseries fines, équilibrées en texture et saveur mais surtout assez peu sucrées, ses gâteaux de voyage juste parfaits, mais aussi ses viennoiseries impeccables en font un des pâtissiers incontournables de la scène parisienne. Il ne faut rater sous aucun prétexte son pain perdu à l'orange.

DU PAIN ET DES IDÉES

34, RUE YVES-TOUDIC, 75010
☎ 33 (0)1 42 40 44 52 Ⓜ Jacques Bonsergent

LUNDI-VENDREDI : 6 h 45-20 h

HTTP://DUPAINETDESIDEES.COM

Existe-t-il un pain meilleur que celui de Philippe Vasseur ? La réponse est non ! Son pain, mes amis, est ma référence. Il est la meilleure incarnation de ce que l'on attend d'un vrai bon pain : une croûte ambrée, cassante et croustillante, une mie moelleuse et parfaitement alvéolée, mais surtout une odeur qui vous incitera à courir acheter une bonne terrine de pâté de campagne ou une bonne confiture à étaler dessus. Le magasin possède également un large choix de viennoiseries flirtant avec la perfection. À goûter sans faute l'incroyable Mouna (brioche à la fleur d'oranger), ou lorsque c'est la saison la galette des rois dont la frangipane est relevée d'un doigt de whiskey.

ANGELINA

226, RUE DE RIVOLI, 75001
☎ 33 (0)1 42 60 82 00 Ⓜ Tuileries

LUNDI-VENDREDI : 7 h 30-19 h • **SAMEDI-DIMANCHE** : 8 h 30-19 h 30

Consulter le site Internet pour toutes les autres adresses

HTTP://WWW.ANGELINA-PARIS.FR/FR/

C'est le pâtissier autrichien Antoine Rumpelmayer qui fonde en 1903 cette adresse aujourd'hui mythique de la pâtisserie parisienne. Il en confie la gestion à son fils René dont l'épouse se prénomme Angeline, d'où le nom de l'établissement. Le lieu où se croisaient jadis Marcel Proust et Coco Chanel est devenu aujourd'hui un véritable symbole de l'art de vivre à la française. On peut y déguster des pâtisseries classiques comme la tarte au citron ou le mille-feuille, mais chez Angelina ce qu'il faut absolument goûter c'est la création d'Antoine Rumpelmayer, le Mont-Blanc (une meringue française, sèche et croquante, sous un dôme onctueux de crème chantilly lui-même recouvert de vermicelles de crème de marrons). Décliné en plusieurs versions (chocolat, praliné, vanille-fraise, etc.), n'hésitez pas à l'accompagner de l'autre incontournable de la maison, le chocolat chaud divinement onctueux à base de chocolat venant du Ghana et de Côte d'Ivoire mariant avec brio amertume et notes fruitées.

ANGELINA
ANGELINA

ANGELINA

GONTRAN CHERRIER

22, RUE CAULAINCOURT, 75018
☎ 33 (0)1 46 06 82 66 Ⓜ

8, RUE JULIETTE LAMBER, 75017
☎ 33 (0)1 40 54 72 60 Ⓜ

JEUDI-MARDI : 7 h 30-20 h • **DIMANCHE :** 8 h-20 h

HTTP://WWW.GONTRANCHERRIERBOULANGER.COM

Chez Gontran Cherrier, le pain, c'est une histoire de famille puisque ses grands-parents tenaient déjà une boulangerie. Et ça se sent car c'est à un véritable virtuose du genre que nous avons affaire. Cet ancien chef pâtissier du restaurant triplement étoilé L'Arpège du chef Alain Passard casse tous les codes de la boulangerie en proposant des pains aussi peu conventionnels (seigle au miso, ou curry et céréales ou encore pois chiche et citron) qu'incroyablement bons. Il en est de même pour ses pâtisseries toujours à base de fruits de saison. L'été, par exemple, testez la tartelette fraise-concombre à tomber par terre. Les viennoiseries au feuilletage assez irréel sont aussi à goûter absolument. Force est de constater que ce succès dépasse nos frontières puisque Gontran Cherrier a également ouvert des boulangeries au Japon, en Corée, en Australie ou à Taïwan.

GLACES GLAZED

54, RUE DES MARTYRS, 75009
☎ 33 (0)9 81 62 47 06 Ⓜ Pigalle

MARDI-VENDREDI : 13 h 30-20 h 30 • **SAMEDI-DIMANCHE :** 11 h-20 h 30

HTTP://WWW.GLACES-GLAZED.COM

Dans cette petite échoppe du haut de la rue des Martyrs, vous ne trouverez pas de conventionnelles glaces à la vanille, au chocolat ou à la fraise mais des glaces aux saveurs explosives qui vous décongèleront tel que Glazed & Confused (glace au lait ribot-citron-citronnelle) ou Orange mécanique (sorbet orange-Campari®-vinaigre balsamique). Ma préférée est définitivement la Pop Corn (glace pop corn servie avec un caramel laitier coulant au poivre à queue). Vous pourrez également acheter des glaces en pot à emporter ainsi que des gâteaux glacés.
Quelques petites tables sont à votre disposition à l'intérieur du magasin pour déguster votre délice glacé mais rien ne vous empêche de vous promener, glace à la main, dans le quartier de Pigalle qui se trouve à deux minutes à pied.

LA CHOCOLATERIE

25, RUE CHANZY, 75011
☎ 33 (0)1 55 87 21 40 Ⓜ Faidherbe-Chaligny, Rue des Boulets ou Charonne

TOUS LES JOURS : 8 h-20 h

HTTP://WWW.LACHOCOLATERIECYRILLIGNAC.COM

Cyril Lignac et son chef pâtissier Benoît Couvrand ont ouvert, juste en face de La Pâtisserie Cyril Lignac de la rue Paul-Bert, un nouveau lieu : La Chocolaterie, véritable réminiscence de moments de l'enfance. On y est comme à la maison, mangeant son goûter sur une grande table d'hôte comme on le faisait à la sortie de l'école. Et c'est ce qui est agréable dans ce lieu, y sentir la vie du quartier. Bien entendu comme le nom du lieu l'indique, l'ingrédient prédominant est le chocolat mais que ce soit pour le cake marbré, le petit pain au lait et sa tablette de chocolat (notre coup de cœur) ou les nounours au chocolat et à la guimauve, ce qui reste en tête c'est avant tout la légère touche régressive mêlée à une parfaite technicité pâtissière. Une sélection de tablettes ainsi que de tablettes « bonbons » est également proposée et là c'est l'extase ! Elles sont tout simplement divines. Le vrai conseil que l'on peut vous donner serait, s'il fait beau, de prendre un chocolat chaud au léger goût de noisette caressant le palais et d'aller le déguster allongé sur l'herbe du parc juste en face, un vrai moment de béatitude ! Car ce chocolat chaud est sans aucun doute le meilleur de Paris.

GOURMAND
Chocolaterie
CROQUANT
NOIR GRAND CRU
MENTHE

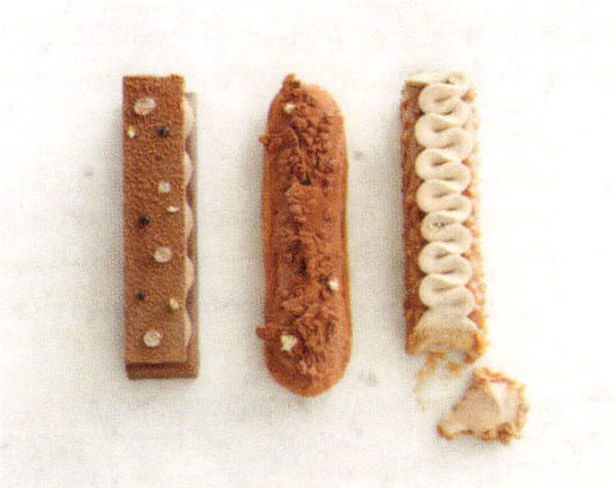

GILLES MARCHAL

9, RUE RAVIGNAN, 75018
☎ 33 (0)1 85 34 73 30 Ⓜ Abbesses

MARDI-DIMANCHE : 8 h-20 h
€ à €€ selon les produits

Consulter le site Internet pour l'autre adresse

HTTP://GILLESMARCHAL.COM

À deux pas du Sacré-Cœur, ce Lorrain(parisien d'adoption), ancien de maisons aussi prestigieuses que célèbres comme le Crillon, le Plaza Athéné, le Bristol ou la Maison du Chocolat où il fut directeur de la création – vous donnera une vraie leçon d'émotion. L'odeur tout d'abord vous ensorcellera puis les saveurs et textures moelleuses pour les uns et croustillantes pour les autres finiront de vous envoûter. Ses madeleines sont tout simplement les meilleures du monde, tout comme ses brioches et ses chouquettes à la crème légère sont à pleurer. Vous verrez devant la vitrine de Gilles Marchal, le choix sera bien difficile. Si le cœur vous en dit, baladez-vous dans Montmartre jusqu'à son autre boutique, la Compagnie Générale de Biscuiterie qui elle propose une sélection de biscuits secs tout aussi alléchante.

LAOUZ

136, RUE SAINT-HONORÉ, 75001
☎ 33 (0)1 42 86 85 23 Ⓜ Louvre Rivoli

TOUS LES JOURS : 11 h-20 h
💵 à 💵💵

20, RUE DAUPHINE, 75006
☎ 33 (0)1 42 03 41 61 Ⓜ Odéon ou Pont Neuf

MARDI-DIMANCHE : 11 h-20 h
💵 à 💵💵

HTTPS://WWW.LAOUZ.COM/

Lorsque Rachid Sellali crée la pâtisserie Laouz, c'est avant tout pour revisiter les classiques de la pâtisserie algérienne. Il a réussi son pari car nous avons tous en tête (lorsque l'on pense pâtisserie orientale) des gâteaux très riches, souvent aux amandes, gorgés de sucre et dégoulinant de miel. Chez Laouz, le taux de sucre et de graisse a été réduit de 50 % et chaque petit gâteau est une véritable œuvre d'art. Très colorées, les pièces de pâtisserie sont travaillées dans les moindres détails. La gamme des saveurs est impressionnante et uniquement à base d'arômes naturels allant de la traditionnelle pistache, fleur d'oranger et jasmin au beaucoup moins conventionnel yuzu, piment d'Espelette ou pamplemousse.

PIERRE HERMÉ

72, RUE BONAPARTE, 75006
☎ 33 (0)1 43 54 47 77 Ⓜ Saint-Sulpice

DIMANCHE-VENDREDI : 10 h-19 h • **SAMEDI :** 10 h-20 h

39, AVENUE DE L'OPÉRA, 75002
☎ 33 (0)1 43 54 47 77 Ⓜ Opéra ou Pyramides

TOUS LES JOURS : 10 h-20 h

Consulter le site Internet pour toutes les autres adresses

HTTP://WWW.PIERREHERME.COM

Meilleur pâtissier du monde, cumulant les récompenses, Pierre Hermé est une véritable légende de la pâtisserie française. Son secret est d'utiliser le sucre comme un assaisonnement qui permet de relever d'autres nuances de saveurs. Ses desserts les plus célèbres comme l'Ispahan associant un biscuit macaron à la rose, une crème aux pétales de roses, des framboises et des litchis ou les tartes infiniment vanille ou café sont définitivement des incontournables du patrimoine pâtissier français et sont presque devenus des noms communs tant ils sont célèbres. Si vous ne devez visiter qu'une seule pâtisserie lors de votre passage à Paris, ce sera forcément la sienne.

STOHRER

51, RUE MONTORGUEIL, 75002
33 (0)1 42 33 38 20 Ⓜ Étienne Marcel

TOUS LES JOURS : 7 h 30-20 h 30
€ à €€ selon les produits

HTTP://STOHRER.FR

Partiellement classé Monument historique, cette pâtisserie, dont la superbe décoration vous fera traverser le temps, est la plus ancienne de Paris. En effet son tout premier propriétaire, le pâtissier Nicolas Stohrer, pâtissier de Marie Leszczyńska, fille de Stanislas 1er, roi de Pologne, arrive à Versailles en 1725 lorsque cette dernière épouse le roi Louis XV et ouvre cinq ans plus tard cette pâtisserie au 51, de la rue Montorgueil. Les propriétaires actuels, Pierre Lienard et François Duthu, ont à cœur de maintenir la tradition et de commercialiser en plus de leurs créations maison, les pâtisseries créées par Nicolas Stohrer comme le baba au rhum (décliné en plusieurs versions) mais également des classiques de la pâtisserie française comme le Puits d'Amour ou la religieuse à l'ancienne (sur commande), impressionnante pièce montée composée d'éclairs. La boutique dispose également d'un rayon traiteur.

LAURENT DUCHÊNE

2, RUE WURTZ, 75013
☎ 33 (0)1 45 65 00 77 Ⓜ Glacière ou Corvisart

LUNDI-SAMEDI : 7 h 30-20 h

238, RUE DE LA CONVENTION, 75015
☎ 33 (0)1 45 33 85 09 Ⓜ Convention

MARDI-VENDREDI : 8 h 30-14 h/15 h-19 h 30 • **SAMEDI :** 8 h 30-19 h 30
DIMANCHE : 8 h 30-13 h 30

HTTP://WWW.LAURENTDUCHENE.COM

Si vous devez ne goûter qu'un croissant, c'est forcément celui de Laurent Duchêne. Au beurre AOP Charente-Poitou et sacré meilleur croissant de Paris, en version nature ou chocolat, il est tout simplement irrésistible. Mais en réalité, en entrant dans la boutique de ce meilleur ouvrier de France pâtissier, vous aurez envie de goûter absolument à toutes les viennoiseries au feuilletage dont on peut compter les couches, aux pâtisseries à l'esthétique et aux saveurs engageantes en passant par les gâteaux de voyage d'une gourmandise déroutante ! Parce que Laurent Duchêne est un maître dans l'équilibre des goûts et des textures mais aussi dans l'art de renouveler les genres en matière de tartes, gâteaux et entremets.

DRINKS

BAR HEMINGWAY

HÔTEL RITZ - 15, PLACE VENDÔME, 75001
☎ 33 (0)1 43 16 33 74 Ⓜ Opéra

TOUS LES JOURS : 18 h-2 h

HTTP://WWW.RITZPARIS.COM/FR-FR/GASTRONOMIE-PARIS/BAR-HEMINGWAY

Lorsque l'on s'assoit au bar Hemingway de l'hôtel Ritz, l'atmosphère est particulière, calme et feutrée, chic mais détendue. On imagine presque que Gatsby Le Magnifique va s'installer pour boire un verre. Et pour cause, F. Scott Fitzgerald y avait sa place attitrée. Le bar Hemingway est un lieu mythique autant par son passé (Cole Porter, Ernest Hemingway et Gary Cooper y passaient leurs journées) que par son présent. En effet, à sa tête, Colin Field, référence pour tous les amateurs de cocktails à travers le monde, vous proposera, après avoir échangé quelques mots avec vous, un cocktail à la carte ou sur mesure dont vous vous souviendrez à jamais.

BLUEBIRD

12, RUE SAINT-BERNARD, 75011
☎ 33 (0)9 86 17 63 17 Ⓜ Faidherbe-Chaligny

TOUS LES JOURS : 18 h-2 h

Boire un verre au Bluebird, c'est l'assurance de remonter le temps. Il est possible que lorsque vous serez accoudé au bar du Bluebird, après deux ou trois cocktails, vous ayez l'impression que David Lynch va venir vous taper sur l'épaule. Car la décoration, très années 1950, vous transportera dans cette Amérique « Lynchienne », vaporeuse où tout est possible. La carte des cocktails élaborée par les Italiens Danilo Grenci, Pasa Omerasevic et l'Espagnol Pedro Martinez fait la part belle (mais pas que) aux gins avec environ 30 références. À noter également qu'un espace fumoir est aménagé derrière le grand aquarium au fond de la salle.

LA CAVE À MICHEL

36, RUE SAINTE-MARTHE, 75010
☎ 33 (0)1 42 45 94 47 Ⓜ Belleville ou Colonel Fabien

MERCREDI-DIMANCHE : 16 h-23 h

C'est bien plus qu'une simple cave à manger, c'est l'adresse que l'on se glisse sous le manteau mais que l'on a pas envie de partager avec n'importe qui. Parce qu'un moment à la Cave à Michel ça se mérite, parce qu'on y est tout de suite bien et cela grâce à l'alchimie qu'ont su créer les frères Tischenko (Romain et Maxime). C'est le café du commerce nouvelle génération. On y raconte sa vie, on y grignote entre amis, on boit mais surtout on rit. Romain Tischenko signe une carte courte mais sacrément efficace. Les bouillons sont exceptionnels, tout comme le tartare de veau-feta. Mais ce qu'il faut absolument goûter c'est l'œuf mayo : l'œuf est mollet, légèrement coulant à cœur et la mayonnaise indescriptible, aérienne. On peut aussi juste y venir pour acheter une bouteille de vin.

LE SYNDICAT

51, RUE DU FAUBOURG SAINT-DENIS, 75010
☎ 33 (0)6 66 63 57 60 Ⓜ Château d'Eau

TOUS LES JOURS : 18 h-2 h

HTTP://SYNDICATCOCKTAILCLUB.COM

Il faut vraiment avoir l'œil pour repérer l'endroit car si on ne sait pas que derrière la façade recouverte d'affiches et à l'allure défraîchie se cache un des meilleurs bars à cocktails de Paris, on peut aisément faire demi-tour. Et ça serait un vraie erreur, car les cocktails valent le détour. Autoproclamée organisation de défense des spiritueux français, Le Syndicat propose une carte allant dans ce sens avec des cocktails créations fleurant bon le terroir français comme le Gen' Tonique (gentiane de Pontarlier-apéritif Bonal-tonic maison). Il est aussi possible de se rafraîchir d'une bière parisienne, de cidre normand ou de faire une dégustation autour de thématiques comme le whisky (de France) ou les eaux-de-vie et liqueurs de plantes traditionnelles françaises.

MOONSHINER

5, RUE SEDAINE, 75011
☎ 33 (0)9 50 73 12 99 Ⓜ Bréguet-Sabin

TOUS LES JOURS : 18 h-2 h

Si vous vous rendez au 5, rue Sedaine, vous tomberez sur la pizzeria Da Vito. De prime abord, aucun signe ne vous laissera imaginer ce que vous découvrirez après avoir pousser la lourde porte de la chambre froide du restaurant. Un incroyable bar clandestin, à la déco très « prohibition » vous attend. Vous dégusterez ici d'incroyables breuvages au nom évocateur comme le Smokey Island au rhum Havana, vodka, gin, mescal et sirop de thé fumé ou le Dragoncello au gin, feuilles d'estragon et miel de bruyère. Aucun doute qu'après un petit moment ici, vous aurez l'impression d'avoir vécu un moment inédit.

LES CAVES DU LOUVRE

52, RUE DE L'ARBRE-SEC, 75001
☎ 33 (0)1 40 28 13 11 Ⓜ Louvre Rivoli

LUNDI-SAMEDI : 10 h-18 h • **DIMANCHE :** 13 h-18 h

HTTP://WWW.CAVESDULOUVRE.COM

Dans un superbe hôtel particulier du XVIIIe siècle classé monument historique, vous découvrirez l'incroyable univers du vin, sous forme d'une visite ludique et interactive. Il s'agit d'un véritable voyage dans les profondeurs des arcanes du vin avec un parcours à la fois chronologique partant du terroir pour arriver à la bouteille mais faisant également appel aux cinq sens dans près de 600 m^2 de caves voûtées sous le sol de Paris. Cinq salles différentes vous permettront de toucher la terre des différents terroirs, de sentir 42 arômes captés sur de larges bouchons de bois ou d'apprendre à reconnaître au nez les défauts d'un vin, de goûter différents cépages et différents types de vin, d'écouter divers bruits d'embouteillage ou de bulles de champagne et pour finir de découvrir les secrets de la couleur du vin qui définit son terroir et son âge. Tous ce parcours s'effectue avec l'aide d'une application préalablement téléchargée sur votre téléphone. Une visite pour les enfants est aussi disponible.

LE RUBIS

10, RUE DU MARCHÉ SAINT-HONORÉ, 75001
☎ 33 (0)1 42 61 03 34 Ⓜ Pyramides ou Tuileries

LUNDI-VENDREDI : 7 h-2 h • **SAMEDI :** 9 h-2 h

Je ne crois pas connaître de lieu à l'ambiance plus parisienne que celui-ci. Lorsque l'on évoque « un petit ballon de rouge sur le zinc », c'est le décor du Rubis que l'on imagine : un bar entouré de pancartes indiquant les prix des vins et des plats datant des années 1960, des nappes à carreaux rouge et blanc, des clients accoudés au bar qui grignotent un jambon-beurre à la va-vite ou dehors en train de fumer une cigarette un verre à la main. Le Rubis est la parfaite quintessence parisienne. La spécialité du lieu, les vins du Beaujolais. Pour l'apéritif, il est possible d'accompagner vos verres d'une planche de charcuterie ou de fromage. Pour ceux qui auraient une plus grosse faim, est proposé un plat du jour parmi les grands classiques de la cuisine française comme la blanquette de veau, l'onglet à l'échalote, etc.

LE FOU

37BIS, RUE DU SENTIER, 75002
☎ 33 (0)1 40 26 14 94 Ⓜ Bonne Nouvelle

MARDI-DIMANCHE : 19 h-2 h (club ouvert du jeudi au samedi)

Avec deux ambiances distinctes, au Fou, tout est un peu à la fois dingue et doux. Vous pourrez vous détendre en buvant un verre au bar. Très *american bar* et esprit Art déco au laiton bruni, velours vintage et cuir italien, vous dégusterez de délicieux cocktails classiques (Bloody Mary ou Aperol Spritz) ou des créations maison réalisée devant vous par l'équipe de barmen vêtus de vestes blanches et de tabliers. Ou alors rien ne vous empêche de descendre au sous-sol et de découvrir le club du Fou où tout devient possible au son des fous furieux, groupe jazz/punk formé et habillé sur mesure pour le lieu.

CUISINE DU MONDE ET STREET FOOD

BALLS

47, RUE SAINT-MAUR, 75011
☎ 33 (0)9 51 38 74 89 Ⓜ Voltaire ou Père Lachaise

27, RUE DE DOUAI, 75009
☎ 33 (0)9 52 83 33 04 Ⓜ Blanche

MARDI-SAMEDI : 12 h-14 h 30/19 h 30-23 h

Chez Balls, tout va à l'essentiel. La décoration des lieux et la carte avec cinq sortes de boulettes : bœuf normal ou épicé, agneau-coriandre-pignon, porc-ricotta-épinards, poulet-estragon et végétarienne (aubergine-pois chiche) et deux sauces (tomate ou yaourt). Pour moi, le mix parfait : boulettes de poulet-sauce yaourt. Je suis particulièrement fan du côté croustillant/pané de ces boulettes et la sauce yaourt leur apporte une touche de fraîcheur. Les accompagnements, polenta crémeuse, salade de lentilles-feta-pomme ou risotto sont copieusement servis. Balls c'est l'adresse *comfort food* par excellence !

LUZ VERDE

24, RUE HENRY-MONNIER, 75009
☎ 33 (0)1 74 64 29 04 Ⓜ Pigalle

MARDI-SAMEDI : 12 h-15 h/19 h-23 h
à selon les plats et les cocktails

HTTP://WWW.LUZVERDE.FR

Ce sont des tacos et autres spécialités mexicaines de compétition que le chef Alexis Delassaux propose. Bien qu'il vienne de grandes maisons comme le Royal Monceau, pour son adresse à lui, le chef a choisi la cuisine mexicaine, car c'est celle de sa maman. Il propose une sélection de tacos assez incroyables. Des sauces épicées, des condiments inattendus et des produits d'une qualité irréprochable transforment chaque bouchée en une véritable explosion de saveurs. Il en est de même pour les plats. Vous pourrez déguster le tout accompagné d'un cocktail mexicain maison.

B&M BURGER

82, AVENUE PARMENTIER, 75011
☎ 33 (0)1 43 57 26 11 Ⓜ Parmentier

TOUS LES JOURS : 12 h-23 h

Consulter le site Internet pour l'autre adresse

HTTP://WWW.BMBURGERS.COM

Véritable coup de cœur ! Chaque recette de la carte a été savamment étudiée car l'équilibre des saveurs de chacune d'entre elles est tout simplement transcendantal ! Que ce soit les trois recettes toujours à la carte, le BBQ (bleu d'auvergne-oignons caramélisés-pickles-cornichons-champignons persillés-poitrine fumée et sauce barbecue), le FB (falafel-harissa-tzatziki-brunoise de tomates et salade), le B&M burger (base de cheese burger-red cheddar-salade -tomate-oignons caramélisés et sauce secrète B&M) ou les burgers éphémères proposés par des invités (journalistes, bloggeurs), le niveau de qualité est exceptionnel. La viande juteuse et à un niveau de maturation parfait est cuite de façon à magnifier l'ensemble. Les buns (à base de flocons de pommes de terre) légèrement briochés et toastés minute sont fondants. Les frites sont plongées dans des bains de friture en double cuisson et ça fait vraiment la différence. Croustillantes, saupoudrées d'épices secrètes, elles sont accompagnées de sauces maison. Les burgers B&M sont l'incarnation parfaite de mon burger de référence !

BOL PORRIDGE BAR

76, RUE DU FAUBOURG-POISSONNIÈRE, 75010
☎ 33 (0)1 42 46 39 27 Ⓜ Poissonnière

LUNDI-VENDREDI : 7 h 30-16 h • **SAMEDI :** 9 h 30-16 h
💵 à 💵💵 selon les porridges

HTTP://WWW.BOLPORRIDGEBAR.COM/

Bol Porridge, c'est l'adresse toute douce qui réconforte. On peut y consommer différentes sortes de porridges sucrés ou salés. Pour les sucrés, le choix va du simple beurre-cannelle en passant par d'autres plus élaborés tels que le pomme-caramel beurre salé-amandes ou le banane-sirop d'érable-sésame. Chacun des porridges sucrés peut être préparé avec du lait de vache ou des laits végétaux (amande, soja ou avoine). Sont également à la carte des granola maison et un bircher muesli. Le midi (de 12 h à 15 h) sont disponibles des porridges salés (épeautre-haddock fumé-poireaux ou orge-épinards-chèvre-miel et noix) et la soupe du jour. Énorme coup de cœur pour les porridges salés de blé-lait de coco-poulet-sésame-carotte ou riz complet-figue-datte-feta. Tous les porridges peuvent être dégustés dans la boutique à la décoration simple, épurée mais élégante ou à emporter.

BAGNARD

7, RUE SAINT-AUGUSTIN, 75002
☎ 33 (0)9 86 17 63 17 Ⓜ Quatre Septembre ou Bourse

MARDI-SAMEDI : 10 h-19 h

Juste en passant le pas de la porte et en entendant le chef Yoni Saada et sa femme Alexandra vous scander un bonjour des plus chaleureux, ça sent déjà bon la Méditerranée. Parce que dans ce restaurant qui doit son nom à Al Capone et dont la décoration reprend les codes esthétiques de la cellule de ce dernier, c'est de sud, de chaleur, d'épices et de bienveillance dont il est question. La star chez Bagnard c'est le pan bagnat, cette spécialité niçoise consistant en un sandwich rond dont le pain est « mouillé » d'huile d'olive, d'eau de tomate et garni de divers crudités et de thon. Le chef vous le propose en version classique (Lulu le bagnard) garni d'ingrédients d'exception (huile d'olive millésimée, crudités de petits producteurs et thon savamment choisi) mais aussi en diverses versions revisitées comme Gégé le poulet ou François le goulettois (version remixée du pan bagnat et du fricassé, sandwich tunisien). Mais il y a aussi bon nombre d'autres spécialités méditerranéennes comme une salade cuite de tomates et poivrons, irréelle, ou un houmous de haute voltige. Il est également possible d'acheter des produits « chinés » par le chef et sa femme à travers le monde comme des thés trouvés dans le souk de Tel Aviv ou un délicieux pastis marseillais (avec lequel le chef fait une citronnade au pastis divine !). Chez Bagnard, c'est simple, tout est délicieux et on se sent comme à la maison.

IMA

39, QUAI DE VALMY, 75010
☎ 33 (0)1 40 36 41 37 Ⓜ République
MERCREDI-LUNDI : 8 h 30-17 h 30

Ima est un véritable restaurant de jour orienté cuisine orientale et végétarienne. Vous pourrez déguster une shakshouka rouge (tomate-poivron rouge-safran-œufs) ou verte (roquette-épinards-fromage turc-citron confit-œufs), des pancakes arrosés de sirop de datte mais aussi des salades toutes plus appétissantes les unes que les autres comme la pois chiches frits-tomates cerises-concombre-menthe-oignons nouveaux ou la mograbieh : avocat-olives-pamplemousse-grenade-cresson-fines herbes. Les desserts sont tout aussi gourmands. À goûter obligatoirement, s'il est à la carte, le cookie à la halva. Chez Ima, (maman en hébreu), l'ambiance très conviviale rendra forcément jolie votre journée.

CHEZ ALINE

85, RUE DE LA ROQUETTE, 75011
☎ 33 (0)1 43 71 90 75 Ⓜ Voltaire

LUNDI-VENDREDI : 12 h-17 h 30

Dans cette ancienne boucherie chevaline encore dans son jus, non loin de la place de la Bastille, Delphine Zampetti sert en casse-croûte, dans un pain baguette rageusement croustillant ou un bun moelleux mais aussi en barquette à emporter, une cuisine parisienne revisitée à sa sauce. Et croyez-moi, ça vaut le détour ! Son poulet en pot-au-feu, ses haricots beurre-tomates ou son poulpe au concombre donnent un vrai coup de jeune à ce qui me rappelle furieusement le traiteur de mon enfance. Les sandwichs, même les plus simples, sont agrémentés de produits d'exception, comme le traditionnel jambon-beurre au jambon Prince de Paris, le rosbif-mayo-Savora-cornichons au rôti cuisiné maison. Un conseil, il vous faut absolument goûter le best-seller de la maison, celui à la milanaise de veau, sauce gribiche !

DAROCO

6, RUE VIVIENNE, 75002
☎ 33 (0)1 42 21 93 71 Ⓜ Bourse

TOUS LES JOURS : 12 h-00 h
€€ à €€€ selon les plats

HTTP://WWW.DAROCO.FR

Alexandre Giesbert et Julien Ross ont réussi à transformer cette ancienne boutique du célèbre couturier Jean-Paul Gaultier en un sublime restaurant aux accents italients. La décoration du lieu, faite de matières brutes, de bois, de marbre, de rotin et de velours donne un cachet super chic à l'ensemble et l'incroyable hauteur sous plafond ajoute à la magie de l'endroit. La carte va à l'essentiel avec un choix d'antipasti, de pâtes, pizzas et deux plats. À goûter en priorité le carpaccio de bœuf et son coulis de gorgonzola, les linguine all'amatriciana ou l'envoûtante pizza Marcomarco à la *fior de latte*-jambon blanc Folacci-gorgonzola. Avant ou après le dîner, si vous souhaitez déguster un cocktail d'exception, c'est au fond du restaurant que cela se passe. En effet, c'est le territoire du célèbre mixologue Nicolas de Soto et de son bar Danico. À la carte, il y en a pour tous les goûts, douze cocktails à base de douze alcools différents comme le MACE (aquavit-Aperol-jus de betterave-jus d'orange-noix de coco verte et macis) ou le Saint-Germain-des-Prés (gin-liqueur de fleur de sureau-jus de citron vert-concombre-blanc d'œuf et piment oiseau).

DESI ROAD

14, RUE DAUPHINE, 75006
☎ 33 (0)1 43 26 44 91 Ⓜ Pont Neuf ou Odéon

MARDI-DIMANCHE : 12 h-14 h/19 h 30-22h
€€ à €€€ selon les plats

HTTP://DESIROADRESTAURANT.COM

Ici c'est un établissement chic aux tendances coloniales indo-anglaises avec des meubles chinés sur les marchés de Delhi ou Jodhpur, des sols bruts aux carrelages anciens aux antipodes de l'image du traditionnel restaurant indien. La cuisine parfaitement exécutée par le chef Manoj Sharma, disciple de Vineet Bhatia, emblématique ambassadeur de la gastronomie indienne, est dans la finesse des saveurs et des textures. Le poulet Tandoori Tikka est exceptionnel. Les thalis (poulet, végétarien, crevette ou agneau) vous permettront de déguster une sélection de petits plats dont un dal, une recette de riz, un curry, une recette au yaourt et un dessert. À goûter absolument, l'addictif Pani Puri, spécialité de street food indienne : petites coques soufflées creuses légèrement remplies de purée de pommes de terre dans lesquelles vous versez un chutney de tamarin ainsi qu'une sauce épicée aux fines herbes. Un vrai délice !

L'IMPROBABLE

3-5, RUE DES GUILLEMITES, 75004
33 (0)6 31 53 43 68 Ⓜ Hôtel de Ville ou Saint-Paul

LUNDI : 18 h-23 h • **MARDI-MERCREDI :** 12 h-21 h • **JEUDI-SAMEDI :** 12 h-23 h
DIMANCHE : 12 h-21 h

Ce lieu porte vraiment bien son nom car lorsque vous arrivez dans la petite rue des Guillemites, rien ne laisse présager un endroit pareil. Caché derrière deux lourdes portes cochères, lorsqu'on le découvre, on a vraiment l'impression d'arriver dans une oasis hors du temps. À l'image des lieux un peu alternatifs du Brooklyn Underground, on vient ici pour grignoter un morceau (la carte propose des pistolets – petits sandwichs belges –, des planches, des salades, des tartes salées) mais surtout pour discuter entre amis autour d'un Spritz, d'un Mojito ou d'un autre cocktail création de la maison, d'un verre de vin bio ou d'une bière artisanale. Si, comme ce fut mon cas, vous avez de la chance, peut-être tomberez-vous un jour, un soir ou une après-midi où joue un génialissime groupe de musique jazzy.

UMAMI MATCHA CAFÉ

22, RUE BÉRANGER, 75003
☎ 33 (0)1 48 04 06 02 Ⓜ République

MARDI-VENDREDI : 9 h-19 h • **SAMEDI-DIMANCHE** : 10 h-19 h

HTTPS://UMAMIPARIS.COM/MATCHACAFE/

Une décoration d'un blanc immaculé, des matières brutes, dès que vous passez la porte, c'est bel et bien de sérénité à la japonaise dont il est question. Comme son nom l'indique ici se dégustent le matcha sous toutes ses formes (shot, frappé, latte) mais aussi d'autres thés japonais comme le Genmaicha ou le Sencha accompagnés d'une pâtisserie ou d'un mets salé aux accents nippons. Ne ratez pas l'aubergine au miso, un classique de la maison, qui est vraiment à tomber par terre. Mais ce n'est pas tout, car si l'envie vous prenait de vouloir boire un excellent matcha chez vous ou de vous refaire les fameuses aubergines à la maison, c'est possible ! En effet, une partie du lieu est dédiée aux produits et propose une large sélection de produits japonais d'exception.

LIZA

14, RUE DE LA BANQUE, 75002
☎ 33 (0)1 55 35 00 66 Ⓜ Bourse

LUNDI-SAMEDI : 12 h-15 h/19 h 30-23 h • **DIMANCHE :** 12 h-15 h 30 (brunch)

HTTP://WWW.RESTAURANT-LIZA.COM/RESTAURANT-LIZA

Liza et Ziad Asseily, les fondateurs du restaurant ont voulu insuffler à Paris une touche du Beyrouth branché d'aujourd'hui en ouvrant en plus de leur célèbre adresse libanaise, cette annexe parisienne. Et ils ont brillamment réussi ! Liza propose une cuisine à la fois sobre et extrêmement raffinée. Les traditions y sont revisitées avec glamour. En faisant appel à Maria Ousseimi pour la décoration, les propriétaires ont réussi à créer un véritable trait d'union entre les identités parisienne et libanaise mais surtout à ouvrir un lieu à la fois mondain, élégant et généreux.

PLAT DU JOUR
On peut
APPORTER
son MANGER

RESTAURANTS

CLOVER

5, RUE PERRONET, 75007
☎ 33 (0)1 75 50 00 05 Ⓜ Saint-Germain-des-Prés ou Rue du Bac

MARDI-VENDREDI : 12 h 30-14 h/19 h-22 h • **SAMEDI :** 12 h 30-14 h 30/19 h-22 h

HTTP://WWW.CLOVER-PARIS.COM

Clover propose une cuisine de l'instant, de proximité. La salle se mêle à la cuisine dans une ambiance agréable et douce. Le menu change de façon régulière au gré des arrivages mais surtout des saisons : c'est une cuisine de marché brillante, raffinée et d'une incroyable précision que propose le chef Jean-François Piège et son collaborateur Shinya Usami. Vous vous régalerez d'un gaspacho rafraîchi d'une glace à la moutarde et condimenté d'herbes et croûtons, d'amuse-bouches à cuire soi-même sur un pavé brûlant (les versions bœuf aux herbes et dorade royale-feuilles de menthe-clémentine corse sont assez exceptionnelles), d'une caille des Dombes-salsifis-choux de Bruxelles et bergamote ou encore des raviolis de homard-jeunes poireaux et gelée de paprika. La carte des vins propose une jolie sélection d'une quarantaine de références de vins d'auteur. À noter, l'exceptionnelle verticale complète de vins rouges du domaine de La Grange des Pères (1992-2011).

A NOSTE

6BIS, RUE DU 4-SEPTEMBRE, 75002
33 (0)1 47 03 91 91 Ⓜ Quatre Septembre

TOUS LES JOURS : 12 h-23 h
à

HTTP://WWW.A-NOSTE.COM

Le Sud-Ouest et rien d'autre ! Et dès l'entrée, une irrésistible ambiance festive donne le ton. Du lundi au vendredi de 12 h à 15 h, vous pourrez repartir avec un Taloa (sandwich basque confectionné à partir d'une galette de maïs bio) garni au choix de produits du terroir comme de la poitrine de cochon ou du confit de canard. Mais vous pourrez tous les jours de la semaine (dimanche compris avec un brunch) déjeuner ou dîner en choisissant la salle du bas avec son ambiance décontractée et sa carte de tapas haute voltige élaborée par le chef (à ne surtout pas rater les makis de salade landaise, les chipirons frits au piment d'Espelette ou le tartare de magret aux huîtres et aux cèpes) ou la salle du haut et son atmosphère plus restaurant chic et sa carte en trois services au déjeuner et son menu dégustation le soir aux inspirations de terroir et évoluant au gré des saisons (avec comme par exemple les saint-jacques rôties et leur laitue braisée au vinaigre de cidre ou le filet de sanglier rôti, sauce échalote et purée de pomme de terre). Quel que soit votre choix, n'ayez aucun doute que la chaleur et le partage seront au rendez-vous.

AG LES HALLES

14, RUE MONDÉTOUR, 75001
☎ 33 (0)1 42 61 37 17 Ⓜ Les Halles ou Étienne Marcel

LUNDI-SAMEDI : 12 h-14 h/19 h-22 h 30

HTTP://AG-RESTAURANT.FR

C'est dans un décor classé que vous dégusterez les réalisations du chef Alan Geeam : verrière Art déco, gigantesque bar en marbre, élégantes tables de bistrot, la décoration n'est pas sans rappeler les Halles d'antan. Quant aux assiettes, le chef les exécute avec brio en proposant une cuisine bistronomique soignée et raffinée débordant de couleur et de fraîcheur comme avec son foie gras-bouillon de bonite-granny smith-poutargue ou sa joue de veau-mousseline de butternut-kumquat-chou pak choï-cacahuète. Chaque assiette est à l'image du chef, débordante de générosité.

ASTRANCE

4, RUE BEETHOVEN, 75016
☎ 33 (0)1 40 50 84 40 Ⓜ Passy

MARDI-VENDREDI : 12 h-15 h/20 h-22 h 30

HTTP://WWW.ASTRANCERESTAURANT.COM

Déjeuner ou dîner à l'Astrance, c'est perdre tous ses repères et envisager la grande cuisine d'une manière hors norme. La cuisine de Pascal Barbot est véritablement une cuisine hors du commun, profondément respectueuse du produit avec un grand P. Agrémentée de condiments, huiles et sauces aux saveurs asiatiques, on peut dire que l'Asie colore la cuisine de ce grand chef mais en aucun cas ne la caractérise. Car il s'agit de plats tellement singuliers, il y a une vraie *Barbot touch* reconnaissable entre mille, une sensation qui touche à l'indicible.

LA BOURSE ET LA VIE

12, RUE VIVIENNE, 75002 PARIS
☎ 33 (0)1 42 60 08 83 Ⓜ Bourse

LUNDI-VENDREDI : 12 h-14 h/19 h- 22 h

HTTP://WWW.LABOURSELAVIE.COM

Ce restaurant propose une des plus belles interprétations de la cuisine de bistrot parisien. Le chef américain Daniel Rose a tout compris ! De la déco d'un bistrot classique et distingué aux assiettes à l'exécution bluffante, tout est à la fois simple et furieusement élégant. Il vous faudra goûter aux poireaux vinaigrette au moelleux fabuleux et à l'assaisonnement à la fois suave et acidulé mais surtout à l'incontournable pot-au-feu de veau-sauce ravigote-tête croustillante-herbes et citron vert au bouillon d'une rare fraîcheur. Son équilibre gustatif est parfait et la finesse des goûts tout simplement invraisemblable, il enverrait presque au placard celui de mon enfance.

JOUVENCE

172BIS, RUE DU FAUBOURG-SAINT-ANTOINE, 75012
☎ 33 (0)1 56 58 04 73 Ⓜ Faidherbe-Chaligny

MARDI-SAMEDI : 12 h-14 h/20 h-22 h
💵💵 à 💵💵💵

HTTP://WWW.JOUVENCE.PARIS

À mi-chemin entre la place de la Nation et celle de la Bastille, Romain Thibault, ancien de chez Alain Dutournier nous offre une véritable pépite.
Dans ce lieu, ancienne boutique d'apothicaire, vous découvrirez une décoration très parisienne faite de banquettes en velours et boiseries anciennes. Le chef propose une cuisine bistronomique fringante et coquette mais surtout un des meilleurs rapports qualité/prix de Paris avec un menu déjeuner : entrée – plat – dessert à 24 euros. La carte des vins, en grande partie nature, est jalonnée de jolies bouteilles.

MAISON DE LA TRUFFE

14, RUE MARBEUF, 75008
☎ 33 (0)1 53 57 41 00 Ⓜ Alma marceau

LUNDI-VENDREDI : 12 h-15 h/19 h-22 h 30 • **SAMEDI :** 19 h-23 h 30
💰💰💰 à 💰💰💰💰 selon les plats

Consulter le site Internet pour toutes les autres adresses

HTTP://WWW.MAISON-DE-LA-TRUFFE.COM/FR/

Fondée en 1932, cette maison spécialisée dans le négoce de truffes en France et à travers le monde, a pris un nouvel essor en 1978 avec l'arrivée de Guy Monier à sa tête en se tournant vers la dégustation de ces produits d'exception et s'est transformée en véritable épicerie de luxe. Aujourd'hui, propriété du groupe Kaspia, la Maison de la Truffe allie élégance, tradition et créativité. Elle propose à sa carte des plats classiques comme le suprême de volaille fermière rôti au jus ou le dos de bar rôti et ses légumes du moment, mais aussi d'autres plats plus inattendus comme la pizza blanche à la truffe fraîche râpée ou le mini-burger à la truffe noire et ses pommes frites maison avec toujours un seul et même but : sublimer le diamant noir. Pour chaque plat, vous aurez la possibilité de choisir de l'accommoder avec la truffe de votre choix (blanche, noir ou de saison). Ce qu'il vous faudra goûter absolument, c'est le mémorable, l'inoubliable croque en sel à la truffe composé de baguette légèrement toastée, arrosée d'un filet d'huile d'olive sur laquelle sont disposés des lamelles de truffe.

CAFÉ DE FLORE

172, BOULEVARD SAINT-GERMAIN, 75006
☎ 33 (0)1 45 48 55 26 Ⓜ Saint-Germain-des-Prés

TOUS LES JOURS : 7 h 30-1 h 30

€€ à €€€€

HTTP://CAFEDEFLORE.FR

Le Café de Flore est un lieu qui a une âme. Si vous souhaitez ressentir l'essence même du Saint-Germain-des-Prés littéraire ou du parisianisme à l'état pur, c'est ici qu'il faut venir s'attabler. La carte aussi sent bon Paris, du petit déjeuner avec viennoiseries, tartines et café noir, au déjeuner ou au dîner avec une quiche lorraine, une sélection de charcuterie signée Gilles Vérot, un croque-monsieur ou une soupe à l'oignon gratinée. Le Café de Flore est à voir autant que le Sacré-Cœur ou la tour Eiffel !

BREIZH CAFÉ

109, RUE VIEILLE-DU-TEMPLE, 75003
☎ 33 (0)1 42 72 13 77 Ⓜ St-Sébastien Froissart

MERCREDI-SAMEDI : 11 h 30-23 h • **DIMANCHE :** 11 h 30-22 h

HTTP://BREIZHCAFE.COM/FR/

Bertrand Larcher a définitivement « une breizh touch » à part. À la carte de son restaurant de la rue Vieille-du-Temple, vous trouverez les incontournables d'une crêperie classique (la jambon-fromage et la complète) mais surtout des galettes plus inattendues comme la Provençale (confit d'oignon au cidre-tomates-jambon-anchois-fromage-œuf miroir-herbes de Provence) ou la Cancalaise (pommes de terre-filets de hareng fumé artisanalement-crème fraîche de ferme Bordier-œufs de hareng). Au final, assez banal me direz-vous ! Et bien pas du tout, ici on est très loin du banal, car c'est bel et bien de galettes de chef dont il s'agit. Bien *kraz* (sèche) sur les bords et moelleuse au centre, chaque galette associe des produits d'exception. En dessert, laissez-vous tenter par la surréaliste Carrément sarrasin (galette de blé noir-miel de sarrasin-glace au sarrasin). Je vous conseille vivement de réserver et de ne pas arriver à l'improviste. Si vous souhaitez prolonger le plaisir, vous trouverez, juste à coté du restaurant, l'épicerie du Breizh Café. Celle-ci propose une large sélection de produits typiquement bretons.

DESSIRIER

9, PLACE DU MARÉCHAL-JUIN, 75017
☎ 33 (0)1 42 27 82 14 Ⓜ Pereire

TOUS LES JOURS : 12 h-14 h 15/19 h-23 h
€€€ à €€€€ selon les produits

HTTP://WWW.RESTAURANTDESSIRIER.COM/

Envie d'un immense plateau de fruits de mer ou d'une bouillabaisse mais pas le temps de prendre le train jusqu'à Marseille ? Courez chez Dessirier ! Dans un cadre d'une extrême élégance, digne d'un musée d'art contemporain (vous dînerez aux côtés d'œuvres des plus grands noms de l'art français comme Arman, Robert Combas ou Jean-Michel Folon), vous dégusterez la crème de la crème des produits de la mer. Vous trouverez à la carte des classiques comme le vol-au-vent au ris de veau, le filet de sole à la crème de homard et coquillages accompagné de riz grillé ou la soupe de poissons de roche et moules servie en carafe avec rouille et croûtons. Mais vous pourrez aussi découvrir des créations maison telles que l'émincé de thon rouge aux olives de Kalamata-citron beldi et câpres à queue ou le gratin de homard breton et macaroni. Si vous êtes plusieurs à table, nous vous conseillons vivement les poissons entiers cuits en croûte de sel ou grillés. Dessirier est une institution de la gastronomie parisienne respectant à la lettre tous les codes du chic à la française, charmante et chaleureuse à l'image de ses propriétaires, la famille Rostang.

par Michel Rostang

LE GALOPIN

34, RUE SAINTE-MARTHE, 75010
☎ 33 (0)1 42 06 05 03 Ⓜ Belleville ou Colonel Fabien

LUNDI-MERCREDI : 19 h 30-23 h • **JEUDI-VENDREDI** : 12 h-14 h/19 h 30-23 h

HTTP://WWW.LE-GALOPIN.COM

Au Galopin même si la décontraction est de mise avec une salle à la déco très sobre, il n'en reste pas moins que dans l'assiette on se prend une sacré « claquounette » ! Le chef Romain Tischenko, qui se partage entre son restaurant et sa cave à manger (la Cave à Michel) juste à côté, vous fera découvrir sa cuisine bistronomique assez peu conventionnelle. Le jeune homme, passé par les cuisines du chef William Ledeuil, a une justesse assez bluffante pour les assaisonnements. Garnies du juste condiment maison ou de la sauce parfaite, ce sont des assiettes pleines de pep' et de vigueur qui vous seront servies.

LAZARE

PARVIS DE LA GARE SAINT-LAZARE, RUE INTÉRIEURE, 75008
☎ 33 (0)1 44 90 80 80 Ⓜ Gare Saint-Lazare

TOUS LES JOURS : 7 h 30-00 h
à selon les plats

HTTP://LAZARE-PARIS.FR

Situé dans la gare Saint-Lazare, Lazare est un véritable lieu de vie. Il est, pour le chef triplement étoilé Éric Frechon, une façon de démocratiser la bonne cuisine en la rendant accessible au plus grand nombre. Il propose une cuisine de qualité composée de plats traditionnels comme la saucisse purée ou les endives de pleine terre au jambon gratinées à l'emmental, ou encore des créations originales et audacieuses comme l'agneau de sept heures aux olives et citron accompagné de boulgour au jus de cuisson ou la rémoulade de céleri-rave à la pomme verte, le tout à des prix abordables. Le plat du jour est toujours un grand classique de la cuisine bistrotière : brandade de morue gratinée ou un coq au vin rouge, pommes de terre grenaille et lard fumé...

COMPTOIR TEMPERO

124, BOULEVARD VINCENT-AURIOL, 75013
☎ 33 (0)1 45 84 15 35 Ⓜ Place d'Italie ou Chevaleret

LUNDI-MERCREDI : 12 h-14 h 15 • **JEUDI-VENDREDI :** 12 h-14 h 15/ 19 h 30-22 h 15

💵💵 à 💵💵💵 selon les produits

Consulter le site Internet pour l'autre adresse

HTTP://TEMPERO.FR

C'est une cuisine de bistrot métissée aux accents brésiliens que propose le petit frère du restaurant Tempero, deuxième adresse d'Alessandra et Olivier Montagne. Le lieu est simple mais chaleureux et la vitre séparant la salle de la cuisine donne une réelle dynamique à l'ensemble. Lors de mon premier repas dans ce restaurant, j'ai vraiment été bluffée par la justesse de la cuisine. Les plats sont dignes d'un restaurant gastronomique. À ne pas rater s'ils sont à la carte (celle-ci change tous les jours) les gyoza furieusement croustillants et leur fin bouillon et le pastrami maison le plus fou que j'ai jamais dégusté ! Servi légèrement tiédi, la texture de la viande et sa maturation dépassent le réel.

CLOVER GRILL

6, RUE BAILLEUL, 75007
☎ 33 (0)1 40 41 59 59 Ⓜ Louvre Rivoli

LUNDI-SAMEDI : 12 h 30-14 h/18 h 30-23 h
💵💵💵 à 💵💵💵💵 selon les plats

HTTP://WWW.CLOVER-PARIS.COM

Au Clover Grill, vous entrez dans un autre monde, un monde d'épicurien à l'atmosphère élégante et détendue faite de marbre, banquettes en cuir, papier peint fleuri et cocktails dignes de ceux des bars de grands hôtels. Vous dégusterez ici tout simplement les viandes cuites à la braise les plus incroyables que vous n'ayez jamais mangées. Que ce soit la côte ou le contre-filet de bœuf noir de Baltique affiné au bois de hêtre et maturé 120 jours, l'onglet de Prime Angus ou les pièces à partager comme la poulette de Bresse pour deux personnes ou le canard de Mme Burgau pour trois ou quatre personnes, il ne fait aucun doute que votre palais s'en souviendra un long moment. Pour les entrées, vous retrouverez avec bonheur un des plats signatures du chef Jean-François Piège, la pizza soufflée mais aussi les maquereaux-riz grillé et leur condiment incroyable de justesse. En dessert, je parie qu'il vous sera bien difficile de choisir entre le banana split revisité ou les churros (d'une étonnante légèreté). Pour ma part, c'est invariablement l'ananas parfaitement rôti (au point qu'on le croirait confit) et sa glace à la citronnelle. Clover Grill est sans retenue mon adresse préférée à Paris.

KAGAYAKI

79, BOULEVARD BEAUMARCHAIS, 75003
☎ 33 (0)1 48 87 61 88 Ⓜ Chemin Vert

LUNDI-SAMEDI : 12 h-14 h/19 h-22 h 30
💵💵 à 💵💵💵

Vu de dehors, ce restaurant est des plus banals. Rien ne laisse présager le feu d'artifice qui vous attend à l'intérieur. Kagayaki est un des meilleurs teppanyaki de Paris, ces restaurants de cuisine japonaise où le chef effectue les cuissons de façon spectaculaire devant vous sur de grandes plaques. Et cela pour plusieurs raisons : la qualité des produits est toujours irréprochable. Si vous prenez le menu avec le bœuf, vous serez surpris par la tendreté de la viande. Mais aussi pour la qualité du service, prévenant, gentil souvent même affectueux. Et enfin pour le chef Sasaki ou sa fille qui travaille également avec lui. Si vous avez la chance de manger devant leur plaque de cuisson, ils ont toujours un bon mot ou une petite attention à votre égard. Pour tout cela Kagayaki, est normalement le restaurant dont je ne donne jamais l'adresse et que je garde pour moi. Seul petit bémol, penser à réserver car il est assez difficile d'avoir une table sans réservation.

CAFÉ DE L'HOMME

17, PLACE DU TROCADÉRO, 75016
☎ 33 (0)1 44 05 30 15 Ⓜ Trocadéro

TOUS LES JOURS : 12 h-2 h
€€€ à €€€€

HTTP://WWW.CAFEDELHOMME.COM/FR

Quoi de plus incroyable que de dîner face à la tour Eiffel ? La vue qu'offre le Café de l'Homme est à couper le souffle surtout le soir lorsque la Dame de fer est illuminée. Côté assiette, il faut compter sur une cuisine traditionnelle revisitée respectueuse des saisons comme l'œuf parfait-lentilles vertes du Puy moutardées et bœuf séché ou le suprême de volaille fermier-quinoa-gingembre et citron confit ou encore la tarte au citron. Lorsque le temps le permet, il est tout à fait possible de manger en terrasse dont une partie est réservée au bar le B-Club. Celui-ci propose une carte d'une dizaine de cocktails (dont deux sans alcool) ainsi qu'une sélection de *finger food* comme un tataki de saumon bio-yuzu et wasabi ou des mini-sardines à l'huile d'olive et pommes de terre vapeur.

LES CLIMATS

41, RUE DE LILLE, 75007
☎ 33 (0)1 58 62 10 08 Ⓜ Solférino ou Rue du Bac

MARDI-SAMEDI : 12 h-14 h 30/19 h-22 h

HTTP://LESCLIMATS.FR

Les Climats, dont le nom est un hommage aux climats bourguignons (terroir viticole associant parcelle, cépage et savoir-faire, inscrit au patrimoine mondial de l'Unesco depuis 2015), est le passage obligé de tout amoureux des vins de Bourgogne. Franck-Emmanuel Mondésir, le sommelier des lieux, vous aidera à choisir parmi plus de 2 080 références allant de 25 à 9 255 € un vin qui ravira votre palais. Ici tout n'est que délice et harmonie : à commencer par la carte des vins conçue comme un beau livre de cave et la décoration de la salle mêlant miroirs, bois nobles, velours et hauts plafonds. La cuisine étoilée du chef Julien Boscus, ancien de chez Pierre Gagnaire, est également à cette image. Respectueuse des saisons, vous pourrez déguster un lièvre de Beauce en deux façons juste mémorable, un bar de ligne des côtes bretonnes en croûte de pain de mie sublime et bien d'autres mets d'exception spécialement réfléchis pour s'accorder au mieux aux vins de Bourgogne. Si vous souhaitez partir avec quelques jolies quilles, Carole Colin et Denis Jamet, les propriétaires du lieu, ont ouvert à quelques centaines de mètres du restaurant (au 35, rue de Verneuil) La Cave des Climats, une cave à manger proposant des bouteilles de Bourgogne et de toute la France.

DERSOU

21, RUE SAINT-NICOLAS, 75012
☎ 33 (0)9 81 01 12 73 Ⓜ Ledru-Rollin

MARDI-VENDREDI : 19 h 30-00 h • **SAMEDI :** 12 h-15 h/19 h 30-00 h
DIMANCHE : 12 h-15 h

HTTP://WWW.DERSOUPARIS.COM

Dîner chez Dersou, c'est mettre de côté toutes ses certitudes culinaires. Car la cuisine du chef Taku Sekine ne ressemble à rien que l'on a déjà goûté. Il vous fera découvrir à la carte ou à travers différents menus dégustation une cuisine sophistiquée, maîtrisée et délicate aux inspirations asiatiques. Il est également possible d'accompagner votre dîner d'un accord mets et cocktails assez surprenant. Côté salle aussi, la décoration casse tous les codes. Des murs bruts sans artifice, pour les tables du bois tout comme pour le bar où il est également possible de manger avec une vue directe sur la cuisine. Les réservations sont vivement conseillées. À noter qu'il est possible de dîner tard puisque la maison propose deux services, un à partir de 19 h 30/20 h et un autre à partir de 22 h.

HÔTEL GRAND AMOUR

18, RUE DE LA FIDÉLITÉ, 75010
☎ 33 (0)1 44 16 03 30 Ⓜ Gare de l'Est ou Château d'Eau

TOUS LES JOURS : 8 h-11 h 30 (petit déjeuner)/12 h-19 h (déjeuner)/
19 h-0 h 30 (dîner)
💵💵 à 💵💵💵 selon les plats

HTTP://WWW.HOTELAMOURPARIS.FR/GRANDAMOUR

À deux pas des gares de l'Est et du Nord, le restaurant de l'hôtel Grand Amour est un lieu « multitâches ». En effet, ouvert de 8 h à 0 h 30, il permet d'y caler des petits déjeuners d'affaires, de venir y déjeuner entre amis ou dîner en amoureux. La carte est simple mais efficace avec des jolies pièces de viande, un burger maison, des poissons rôtis ou des copieux plats de pâtes. Gros coup de cœur pour l'assiette brunch disponible le samedi et dimanche. Certainement un des meilleurs rapports qualité-prix de Paris car pour 20 € vous aurez une jolie assiette salée composée d'œuf poché, de salade grecque, de tzatziki, de fallafel et de merguez de bœuf ainsi qu'une boisson chaude, un jus d'orange et un dessert maison.

NINA

139, RUE DU CHÂTEAU, 75014
☎ 33 (0)9 83 01 88 40 Ⓜ Pernety
MARDI-SAMEDI : 12 h 30-14 h 30/19 h 30-22 h 30
💵💵 à 💵💵💵 selon les plats

La cuisine d'Alexandre Morin est à la fois franche, directe mais aussi subtile et savoureuse. De l'incontournable tempura de feta aux pickles de légumes en passant par les poissons souvent travaillés en ceviche ou les gyozas accompagnés de bouillons dont le chef a le secret ou encore les plats de pâtes, vous découvrirez une cuisine technique et généreuse. Tous les plats de la carte sont disponibles en portion sage, ce qui vous permet de goûter à une large sélection ! Il est possible, en réservant, de déguster à la table « Barbecue » des viande choisies par le chef que vous ferez griller sur le barbecue au centre de la table.

FULGURANCES

10, RUE ALEXANDRE-DUMAS, 75011
☎ 33 (0)1 43 48 14 59 Ⓜ Rue des Boulets

MERCREDI-SAMEDI : 12 h 30-14 h/19 h 30-22 h
(déjeuner) (dîner)

HTTP://WWW.FULGURANCES.COM

Avant l'ouverture de ce lieu, Fulgurances était des dîners (« les seconds sont les premiers ») mettant en avant les seconds des grands chefs. C'est aujourd'hui une adresse hors du commun. À l'image d'une galerie d'art, c'est une véritable résidence d'artistes de la gastronomie, le terrain d'expression de jeunes chefs (toujours sortis de très grandes maisons comme NOMA au Danemark ou In De Wulf en Belgique) pour environ six mois à chaque fois. Le lieu leur permet de véritablement affûter leur identité, de s'ouvrir à leur public et à ce dernier de découvrir d'incroyables talents méconnus, les futurs grands de demain.

LE COMPTOIR DU RELAIS

9, CARREFOUR DE L'ODÉON, 75006
☎ 33 (0)1 44 27 07 97 Ⓜ Odéon

TOUS LES JOURS : 12 h-23 h

HTTP://WWW.HOTEL-PARIS-RELAIS-SAINT-GERMAIN.COM/SAVOUREZ-LES-RESTAURANTS.HTML

Niché en plein cœur de Saint-Germain-des-Prés, c'est une bonne grosse bouffée de cuisine franchouillarde que vous vous prendrez en allant manger au Comptoir du relais car le restaurant du chef Yves Camdeborde est définitivement un incontournable de la cuisine de bistrot parisien. Cochonnaille, œufs mayo, os à moelle, ici on ne grignote pas, on mange pour de vrai. Les terrines sont divines et les plats mijotés encore plus que ça ! Yves Camdeborde, étant un des meilleurs ambassadeurs de la cuisine française – et les réservations étant seulement possibles le soir – le midi, je vous conseille d'arriver tôt car une très longue file d'attente se forme rapidement devant le restaurant.

LA TABLE DE MARIE-JEANNE

4, RUE TOULLIER, 75005
☎ 33 (0)1 42 49 87 31 RER Luxembourg

MARDI-SAMEDI : 12 h-14 h 15/19 h-22 h 30
€€ à €€€ (avec vins)

HTTP://WWW.LATABLEDEMARIEJEANNE.FR

On pourrait simplement suivre l'odeur envoûtante de la rôtisserie pour arriver jusqu'à La Table de Marie-Jeanne (nom donné en hommage à la maman de l'un des deux propriétaires du lieu). Dès que l'on entre, la décoration donne le ton : décors muraux d'animaux des bois réalisés par l'artiste Jean-Pierre Battiloni, large table en cèdre du Liban mais surtout belle rôtissoire, pièce emblématique du restaurant. Ici, question carte, on va à l'essentiel. Les fameux et incontournables beignets de courgettes de Marie-Jeanne en entrée, et une jolie pièce de viande rôtie à choisir entre une pièce de bœuf, du poulet ou la pièce du jour (veau, agneau, porc qui change chaque jour en fonction du marché) accompagnée au choix de salade verte ou de pommes de terre et leur ail en chemise. On aime beaucoup cette adresse où l'on peut manger un peu comme à la maison des viandes rôties sacrément goûteuses.

CHEZ L'AMI JEAN

27, RUE MALAR, 75007
☎ 33 (0)1 47 05 86 89 Ⓜ La Tour Maubourg

MARDI-SAMEDI : 12 h-14h/19 h 30-22 h

HTTP://LAMIJEAN.FR

C'est le terroir du Sud-Ouest, sa terre d'adoption, que Stéphane Jégo met en avant à la carte de son restaurant. La cuisine étant ouverte sur la salle, vous ne manquerez pas de voir s'activer le chef qui vous proposera des plats à son image, hauts en couleur et généreux. Il vous surprendra du début à la fin du repas avec par exemple un foie gras poêlé et laqué relevé de quelques pickles, un bœuf braisé, de l'agneau servi à table en cocotte avec ses petits légumes. Mais la vraie surprise arrivera au dessert quand, sans aucun doute déjà bien rassasié, vous verrez le serveur déposer devant vous le saladier du mythique riz au lait maison !

SECRET ROOF IN MONTMARTRE

☎ 06 76 27 63 39 Ⓜ Anvers

€ à €€€ selon les produits

HTTP://WWW.ANNEISCOOKING.COM

Qui n'a jamais rêvé de dîner chez l'habitant sur un *rooftop* avec vue sur le Sacré-Cœur ? C'est ce que vous propose Anne de La Forest en cuisinant chez elle rien que pour vous (à partir de quatre personnes) des classiques de la cuisine de bistrot parisien qu'elle prend plaisir à « twister » à sa sauce avec délicatesse et créativité comme par exemple une blanquette de joue de veau, un pot-au-feu ou une fricassée de poulet fermier au cidre. Petit déjeuner, déjeuner ou dîner chez cette auteure de livres de cuisine à succès, c'est l'assurance de passer un moment privilégié dans un lieu unique (dont l'adresse vous sera communiquée lors de la réservation) autour d'une cuisine généreuse et gourmande. Elle propose également des cours de cuisine toujours autour des incontournables de la cuisine française.

L'ASSIETTE

181, RUE DU CHÂTEAU, 75014
☎ 33 (0)1 43 22 64 86 Ⓜ Mouton Duvernet ou Pernety

MERCREDI-DIMANCHE : 12 h-14 h 30/19 h 30-22 h 30

HTTP://RESTAURANT-LASSIETTE.PARIS

À en croire David Rathgeber, le truculent chef de l'Assiette « Ici, on cuit, y'a de la sauce, y'a des goûts, y'a des sucs. Ici, on cuisine, y'a des jus, y'a des bouillons, y'a de la concentration. Ici on suce pas les feuilles. » Cet aubergiste amoureux de la cuisine française, ancien de chez Alain Ducasse et Christian Lesquer, cuisine définitivement avec son cœur et vous proposera de découvrir, dans un décor très parisien, les grands classiques de la cuisine française qu'il exécutera dans le respect du produit avec une précision impressionnante des cuissons et un équilibre parfait des assaisonnements. Par exemple, selon les saisons, en entrée un pâté en croûte à l'ancienne ou des rillettes de jarret de cochon confit et foie gras, en plat des tendrons de veau braisés aux olives et polenta crémeuse ou un vrai cassoulet maison et en dessert une crème caramel au beurre salé ou un soufflé chaud à la poire.

LA RALLONGE

16, RUE EUGÈNE-SUE, 75018
☎ 33 (0)1 42 59 43 24 Ⓜ Marcadet Poissonniers

MARDI-SAMEDI : 12 h-14 h 30/19 h-23 h
€€ à €€€

HTTP://WWW.LARALLONGE.FR

À quelques sauts de puce du Sacré-Cœur, ce bar à tapas à l'ambiance des bistrots d'antan vaut vraiment le détour. La sélection de vins, pour toutes les bourses, est variée et très intéressante. Le chef Geoffroy Maillard, ancien du Bristol, y revisite la tradition ibérique des tapas en y ajoutant un je ne sais quoi d'excellence qui fait sacrément la différence. Il sélectionne des produits d'exception et de saison pour proposer une cuisine du marché qui réconcilie les terroirs français et le bassin méditerranéen avec par exemple des ravioles de foie gras et leur espuma de bouillon de poule et vin jaune sur un lit de lentilles ou un tartare de daurade au ponzu-cébette-gingembre et radis daikon rappelant une de ses plats signatures dans son restaurant étoilé La table d'Eugène jouxtant le bar à tapas. Mais un plat vous fera, à n'en pas douter traverser tout Paris pour le déguster, c'est le risotto de coquillettes à la truffe et aux cèpes (selon la saison). Des coquillettes cuites à la perfection plieront sous votre fourchette et laisseront apparaître un jus de viande d'un brun ambré sublimissime aux effluves de truffe. Je mets ma main à couper que le tout vous fera vous rouler par terre d'extase.

NON SOLO CUCINA

135, RUE DU RANELAGH, 75016
☎ 33 (0)1 45 27 99 93 Ⓜ Ranelagh

MARDI-SAMEDI : 12 h-15 h/19 h 30-23 h

Consulter le site Internet pour l'autre adresse

HTTP://WWW.NON-SOLO-CUCINA.FR

Ce restaurant porte bien son nom car chez le chef Guiseppe Messina, il n'est pas seulement question de cuisine. C'est aussi une histoire de famille et de tradition. On parle de la vraie cuisine sicilienne, celle qui sent bon les ruelles de Cefalù. Ici, j'aurais envie de vous dire de tout goûter ! Des pâtes aux sardines en passant par la vraie caponata (classique ou à l'espadon) ou les *boconccini di vitello* (roulés de veau) farcis de lard de Colonnata, de pecorino sicilien, de menthe et de poivrons rouges. La spécialité incontournable reste la *torta de la mama Lina.* Angelina Messina, la mère du chef, vient chaque matin faire cet incroyable gâteau à la courgette et à la ricotta, car pour rien au monde elle ne divulguerait la recette de celui-ci, même à son chef de fils. Servi tiède accompagné d'une crème sucrée à la ricotta, ce gâteau est tout simplement indescriptible de bonheur car il a tous les codes d'un véritable gâteau de grand-mère. Moelleux comme un édredon dans lequel on aurait envie de se jeter, le dessus est légèrement plus ferme. L'insert de ricotta apporte une pointe de fraîcheur légèrement acide et l'ensemble est sucré juste comme il faut.

PETROSSIAN

106, BOULEVARD DE COURCELLES, 75017 PARIS
☎ 33 (0)1 47 66 16 16 Ⓜ Ternes

LUNDI-SAMEDI : 9 h 30-20 h

Consulter le site Internet pour toutes les autres adresses

HTTPS://WWW.PETROSSIAN.FR

La boutique Petrossian Rive droite vous accueille dans un véritable écrin russe. La star chez Petrossian, c'est le caviar. Véritable spécialiste en la matière, la famille Petrossian détient depuis des générations un savoir-faire inégalé. Vous découvrirez les onze variétés « brutes » simplement accompagnées de blinis et de quelques condiments ou dans des préparations moins conventionnelles comme un croque-monsieur au caviar. Confortablement installé sur les banquettes et entouré de sublimes samovars, il est aussi possible de se restaurer sur place des best of (pirojkis, tarama) ou de street food chic revisitée (sandwich Reuben, Royal crab bun...) ou d'une sélection d'œufs (brouillades au caviar ou au saumon, œufs bénédicte, œuf à la coque au caviar...). Petrossian est également le temple du poisson fumé. Sont proposés à la dégustation anguilles, légines, sardines, sprats et même noix de saint-jacques. Mais le produit phare de la catégorie, c'est le saumon fumé. Préparé selon une méthode ancestrale depuis 1835, traditionnel ou assaisonné aux épices, betterave ou à l'aneth, leur saumon accompagné de blinis maison, fondant à souhait est mémorable. La boutique possède un large rayon d'épicerie, ce qui vous permettra de repartir les bras chargés de « tartinables », poissons fumés, pâtisseries et produits d'épicerie de la maison !

LE GRAND RESTAURANT

7, RUE D'AGUESSEAU, 75008 PARIS
☎ 33 (0)1 53 05 00 00 Ⓜ Madeleine

LUNDI-VENDREDI : 12 h-14 h/19 h 30-21 h

WWW.JEANFRANCOISPIEGE-LEGRANDRESTAURANT.COM

Selon moi, un grand chef est un chef qui laisse une vraie empreinte de son passage dans le patrimoine culinaire. Un chef qui provoque des émotions certes mais aussi qui innove, qui crée, qui laisse des traces. Jean-François Piège est de ceux-là. Son mijoté moderne rend véritablement hommage aux produits. En plein cœur d'une saison, une viande (ou un poisson) est enrobée par un environnement végétal qui torréfie. Les deux éléments communiquent littéralement pour créer un ensemble en totale osmose. Le tout crée un goût tout simplement incroyable. Pour exemple, le ris de veau de lait mijoté sur des coques de noix-jus d'ail vert-aiguilles d'haricots verts grillés et sa mousseline de noix est un plat d'anthologie. La véritable force de Jean-François Piège est de susciter l'émotion tout en faisant preuve d'une technicité sans pareil. Aller au Grand Restaurant sera sans aucun doute la plus grosse claque gastronomique de votre vie et quoi qu'il arrive redimensionnera à jamais votre vision de la cuisine avec un grand C.

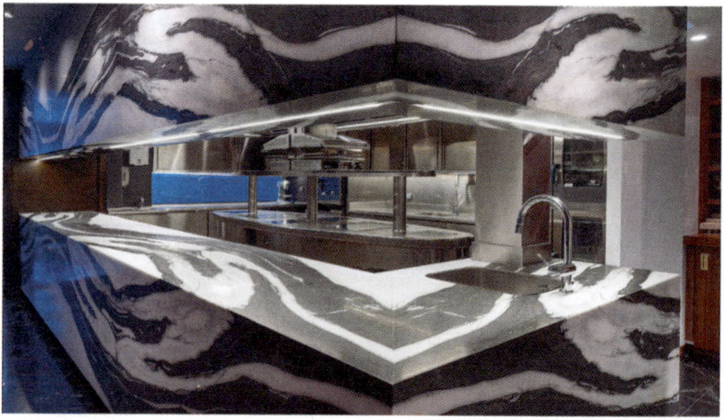

M RER T
Paris
RATP
www.ratp.fr
Pontoise C
Les Grésillons
Saint-Ouen
Gabriel Péri
Asnières – Gennevilliers 13
Mairie de Clichy
Porte de Clichy
Garibaldi
Porte de Saint-Ouen
Guy Môquet
La Fourche
Brochant
Pont de Levallois Bécon 3
Anatole France
Louise Michel
Porte de Champerret
Pereire – Levallois
Pereire
Wagram
Malesherbes
Villiers
Rome
Place de Clichy
Blanche
Liège
Monceau
Courcelles
Europe
Trinité d'Estienne d'Orves
Gare Saint-Lazare
Saint-Lazare 14
Haussmann Saint-Lazare
Saint-Augustin
Chaussée d'Antin La Fayette
Miromesnil
Havre Caumartin
Opéra
Auber
Saint-Philippe du-Roule
A Cergy
A Poissy
A St-Germain en-Laye
T 2
1 La Défense
Grande Arche
Esplanade de La Défense
Pont de Neuilly
Les Sablons
Porte Maillot
Neuilly – Porte Maillot
Argentine
Ternes
Charles de Gaulle Étoile
6
2 Porte Dauphine
Avenue Foch
Victor Hugo
Kléber
George V
Franklin D. Roosevelt
Madeleine
Pyramides
Palais Royal Musée du Louvre
Concorde
Tuileries
Champs Élysées Clemenceau
Alma Marceau
Boissière
Iéna
Trocadéro
Rue de la Pompe
Avenue Henri Martin
Pont de l'Alma
Invalides
Musée d'Orsay
Assemblée Nationale
Solférino
La Tour Maubourg
La Muette
Boulainvilliers
Passy
Champ de Mars Tour Eiffel
Bir-Hakeim
École Militaire
Varenne
Rue du Bac
Saint Germain des-Prés
Ranelagh
Avenue du Pdt Kennedy
Dupleix
La Motte Picquet Grenelle
Saint François Xavier
Sèvres Babylone
Vaneau
Jasmin
Avenue Émile Zola
Rennes
Michel Ange Auteuil
Église d'Auteuil
Javel
Cambronne
Ségur
Duroc
St-Placide
Porte d'Auteuil
Mirabeau
Javel André Citroën
Charles Michels
Commerce
Sèvres Lecourbe
Falguière
Montparnasse Bienvenüe
Boulogne Jean Jaurès
Michel Ange Molitor
Chardon Lagache
Exelmans
Félix Faure
Pasteur
Gare Montparnasse
Edgar Quinet
10 Boulogne Pont de St-Cloud
Porte de St-Cloud
Bd Victor
Pont du Garigliano
T 3
Boucicaut
Volontaires
Gaîté
Vaugirard
Pernety
Lourmel
Marcel Sembat
Billancourt
8 Balard
Convention
Plaisance
9 Pont de Sèvres
Issy Val de Seine
Porte de Versailles
Porte de Vanves
Corentin Celton
Malakoff Plateau de Vanves
Malakoff Rue Étienne Dolet
12 Mairie d'Issy
Issy
Meudon – Val-Fleury
Chaville – Vélizy
13 Châtillon – Montrouge
Versailles – Rive Gauche
Château de Versailles
C Saint-Quentin-en-Yvelines
Robinson B
Saint-Rémy lès-Chevreuse B
Tramway – tarification bus

Orry-la-Ville – Coye
13 Saint-Denis – Université
Basilique de St-Denis
Cimetière de St-Denis
Hôpital Delafontaine
Cosmonautes
La Courneuve 6 Routes
Hôtel de Ville de La Courneuve
Tramway - tarification bus
Gare de Saint-Denis
Basilique de St-Denis
Saint-Denis Porte de Paris
La Courneuve Aubervilliers
Le Bourget
Aéroport Charles de Gaulle
Mitry – Claye
Stade de France Saint-Denis
La Plaine Stade de Fran
La Courneuve 8 Mai 1945
Fort d'Aubervilliers
Aubervilliers Front Populaire
Aubervilliers Pantin Quatre Chemins
Porte de la Chapelle
Simplon
Jules Joffrin
Marcadet Poissonniers
Marx Dormoy
Pantin
Bobigny Pablo Picasso
Pte de la Villette
Bobigny – Pantin Raymond Queneau
Corentin Cariou
Église de Pantin
Chelles Gournay
Funiculaire de Montmartre
Château Rouge
Crimée
Barbès Rochechouart
Riquet
La Chapelle
Stalingrad
Ourcq
Porte de Pantin
Hoche
Noisy-le-Sec
Anvers
Laumière
Pré St-Gervais
Villiers-sur-Marne Le Plessis-Trévise Tournan
Gare du Nord
Magenta
Louis Blanc
Jaurès
Danube
Bolivar
Botzaris
Mairie des Lilas
Château Landon
Colonel Fabien
Buttes Chaumont
Cadet
Poissonnière
Gare de l'Est
Pyrénées
Jourdain
Place des Fêtes
Télégraphe
Porte des Lilas
Château d'Eau
Jacques Bonsergent
Belleville
Saint Fargeau
Strasbourg Saint-Denis
Couronnes
Goncourt
Pelleport
Bonne Nouvelle
République
Temple
Ménilmontant
Arts et Métiers
Oberkampf
Réaumur Sébastopol
Parmentier
Père Lachaise
Sentier
Gambetta
Gallieni
Porte de Bagnolet
Filles du Calvaire
Rue Saint-Maur
Mairie de Montreuil
Châtelet Les Halles
Rambuteau
St-Sébastien Froissart
Saint-Ambroise
Philippe Auguste
Croix de Chavaux
Hôtel de Ville
Richard Lenoir
Voltaire
Alexandre Dumas
Robespierre
Chemin Vert
Bréguet Sabin
Charonne
Porte de Montreuil
St-Paul
Maraichers
Pont Marie
Bastille
Rue des Boulets
Avron
Marne-la-Vallée Parcs Disneyland
St-Michel Notre-Dame
Buzenval
Ledru-Rollin
Sully Morland
Faidherbe Chaligny
Vincennes
Cluny La Sorbonne
Nation
Maubert Mutualité
Porte de Vincennes
Saint-Mandé
Cardinal Lemoine
Gare de Lyon
Boissy-Saint-Léger
Quai de la Rapée
Reuilly – Diderot
Picpus
Bérault
Montgallet
Château de Vincennes
Jussieu
Bel-Air
Place Monge
Gare d'Austerlitz
Daumesnil
Michel Bizot
Port-Royal
Censier Daubenton
Dugommier
Saint Marcel
Porte Dorée
Les Gobelins
Bercy
Denfert Rochereau
Porte de Charenton
Campo Formio
Quai de la Gare
Cour St-Émilion
Saint-Jacques
Liberté
Corvisart
Place d'Italie
Chevaleret
Glacière
Nationale
Bibliothèque François Mitterrand
Charenton – Écoles
Tolbiac
Olympiades
École Vétérinaire de Maisons-Alfort
Cité Universitaire
Maison Blanche
Porte d'Italie
Porte de Choisy
Porte d'Ivry
Ivry sur-Seine
Maisons-Alfort – Stade
Maisons-Alfort Alfortville
Maisons-Alfort Les Juilliottes
Gentilly
Le Kremlin Bicêtre
Pierre Curie
Créteil – L'Échat
Villejuif Léo Lagrange
Mairie d'Ivry
Vitry sur-Seine
Laplace
Créteil–Université
Villejuif Paul Vaillant-Couturier
Le Vert de Maisons
Créteil–Préfecture
Arcueil – Cachan
Villejuif – Louis Aragon
Les Ardoines
Créteil Pointe du Lac
Massy – Palaiseau Versailles – Chantiers
Dourdan Saint-Martin-d'Étampes
Orly Sud
Malesherbes
Melun

TABLE DES MATIÈRES

M

REMERCIEMENTS

À ma fille Juliette, parce que partager sa vie est, sans aucun doute, la plus grande chance de la mienne. Mon envie de parcourir le monde est tellement motivée par ce besoin de trouver la meilleure façon de te le faire découvrir.

À Marie Baumann, pour sa bienveillance et son grain de folie qui l'a poussée à croire en ce projet mais surtout qui l'a soutenu avec autant de ferveur. N'arrête jamais de me dire « arrête » car ça veut dire que tu es à mes côtés.

À Sophie Greloux et Isabelle Raimond pour leur travail inouï, leur bienveillance, leur soutien, leurs petits mots gentils. Les filles, vous êtes des magiciennes !

À James Elliott et Lisa Magano, merci de n'être jamais très loin et de faire de ces projets ce qu'ils sont. Vos sourires à toute épreuve et votre enthousiasme me sont particulièrement précieux.

À Mathieu Persan, mon frère, la vérité tes couvertures, elles m'ont éclatées ! Merci du fond du cœur d'avoir partagé avec moi ton immense talent.

À Olivier Goujon pour son soutien, son aide et sa compréhension.

À Émilie Fléchaire pour son amitié précieuse et ses idées lumineuses.

À Élodie Piège, Jacques Chaniol, Walter Delazoppa et Alexandra Hurtes. Tous vos mots d'encouragement pendant ces mois de voyages à l'autre bout du monde m'ont définitivement prouvé que notre amitié n'avait pas de limite.

À mes parents, ma famille et mes amis que j'ai martyrisés ces derniers mois, à qui j'ai posé des lapins, dont j'ai oublié l'anniversaire, face à qui j'ai pleuré ou à qui j'ai mal parlé les jours difficiles.

Crédits photographies
Toutes les photos sont d'Annabelle Schachmes sauf :
Jean-Philippe Baltel/La Maison Plisson (pp. 22-23) ; Stéphanie Biteau (pp. 116-117) ; Yann Deret (p. 52) ; Thomas Dhellemmes (p. 53) ; J.-L Dias (p. 20) ; DR (p. 10, p. 15, p. 31, p. 48, p. 49 d, pp. 54-55, pp. 56-57, p. 59, p. 60, pp. 66-67, p. 69, p. 84, p. 89 g, p. 91 g, p. 92, p. 93 hg et b, 96, p. 97 bd, pp. 112-113, p. 115 g, p. 119 ; Alexandre Guirkinger (p. 44, p. 45 h et g) ; Lisa Klein Michel (p. 106) ; Vincent Leroux (p. 62) ; Benoît Linero (p. 70, pp. 78-79) ; Nicolas Lobbestael (pp. 100-101) ; Pierre Monetta (p. 103) ; Rina Nurra (pp. 16-17) ; Marco Pinarelli (p. 83) ; Khanh Renaud (p. 120, p. 121 h) ; A. Rinuccini (p. 42, p. 49 h et g) ; Laurent Rouvrais (p. 45 bd) ; Christine Tamalet (p. 105 b) ; Arturo Zavala Haag (p. 93 hd)

Création graphique : Lisa Magano
Mise en page et coordination éditoriale : Sophie Greloux